FICHA CATALOGRÁFICA

(Preparada na Editora)

Fascioni, Clotilde Maria de Souza, 1946-

F26i *Irmãos na fé* / Clotilde Maria de Souza Fascioni, Araras, SP, IDE, 1ª edição, 2012.

224 p.

ISBN 978-85-7341-579-7

1. Romance 2. Espiritismo I. Título.

CDD-869.935
-133.9

Índices para catálogo sistemático

1. Romance: Século 21: Literatura brasileira 869.935
2. Espiritismo 133.9

Irmãos *na* Fé

Um padre e um espírita a serviço de Jesus

ISBN 978-85-7341-579-7
1ª edição - outubro/2012
5.000 exemplares

Conselho Editorial:
Hércio Marcos Cintra Arantes
Doralice Scanavini Volk
Wilson Frungilo Júnior

Projeto Editorial:
Jairo Lorenzetti

Capa:
César França de Oliveira

Diagramação:
Maria Isabel Estéfano Rissi

INSTITUTO DE DIFUSÃO ESPÍRITA - IDE
Av. Otto Barreto, 1067 - Cx. Postal 110
CEP 13600-970 - Araras/SP - Brasil
Fone (19) 3543-2400
CNPJ 44.220.101/0001-43
Inscrição Estadual 182.010.405.118
www.ideeditora.com.br
editorial@ideeditora.com.br

ROMANCE ESPÍRITA

IRMÃOS NA FÉ

UM PADRE E UM ESPÍRITA A SERVIÇO DE JESUS

CLOTILDE FASCIONI

ide

Sumário

Prefácio

Tempos atrás, numa noite fria de inverno, terminei de fazer as minhas orações antes de dormir e, como de costume, pedi ao meu guia espiritual que aproveitasse as minhas horas de sono e desprendimento da matéria para me instruir, me orientar e também me ensinar coisas do mundo espiritual.

E como me aconteceu inúmeras vezes, logo que entrava naquele estado de sonolência, sentia-me cada vez mais leve, flutuando, até desprender-me totalmente do corpo e transportar-me para uma praia de um lugar qualquer. Quando chegava a esse local, eu tinha a nítida impressão de encontrar-me sentada numa areia fofa a alguns passos da água que ia e vinha silenciosamente em delicadas marolas. Tudo era tão nítido e perfeito, que eu até sentia o leve cheiro da maresia. A impressão que tinha era sempre a mesma, indiferente à realidade, pois a noite era morna, enluarada, e me cobria inteira, agasalhando-me como um manto escuro, pontilhado de estrelas, o que proporcionava a sensação de estar mais perto de Deus.

Enquanto esperava sentada na praia, eu afundava os pés descalços e até podia sentir o contraste das duas temperaturas da areia: a parte que ficara exposta ao sol escaldante durante o dia, ainda estava morna, guardando o calor, contrastando com a parte mais profunda, que permanecia fria e úmida. Coisas da natureza que me haviam ficado na memória e que eu reproduzia para entrar em total estado de relaxamento.

Eu sabia que iria encontrar-me com alguém naquele lugar, naquela praia, provavelmente ele mesmo, o meu amigo espiritual, meu guia e protetor, aquele que me dava diretrizes que nem sempre sigo, infelizmente para mim mesma, apesar de ele nunca me abandonar. E eu ficava ali calmamente, esperando.

Para mim, aquelas conversas eram muito proveitosas porque, no dia seguinte, mesmo só recordando fragmentos daqueles encontros, que chamarei de sonhos, relembrava de momentos e situações aparentemente incoerentes, e acordava, plena de sentimentos bons, com certezas maiores e fé revigorada, principalmente nas justas leis de Deus. E, muitas vezes, tomei atitudes baseadas em ensinamentos que até se me apresentavam como novas ideias em meus pensamentos, na hora de tomar decisões importantes. Na verdade, essas ideias eram fruto do meu aprendizado durante o sono.

O mais interessante, nessa experiência, é que eu sentia ser, esse amigo, um alguém muito especial, paciente, com muita vontade de me ensinar, respeitando o meu caminhar lento, a minha teimosia e, muitas vezes, a minha rebeldia, para não falar ignorância; um alguém que sabe que não faço o que devo, mesmo sabendo que "preciso" fazer, mas que, assim mesmo, procura me estimular, como se faz a uma criança.

Então, por um tempo que não posso precisar, era assim que me acontecia.

E eu ficava ali conversando, telepaticamente, com aquele Espírito, o que me deixava sempre com uma sensação boa e a certeza de que aprendia cada vez mais, muitas coisas de forma profunda, atingindo o mais íntimo do meu ser.

Respeitosamente o ouvia falar direto dentro da minha mente, calma e pausadamente, e eu prestava total atenção, como se costuma proceder diante de um ser superior. Para mim, ele é um ser superior, se comparado ao meu estágio evolutivo. Às vezes, só vinha me encontrar, logo depois "sumia", pois de repente, me via sozinha, sentia a sua falta, a sua ausência ao meu lado, mas ele se ia, talvez porque, naquele momento, eu não merecesse a sua atenção ou houvesse algo mais importante a fazer, não sei...

Lembro-me de, certo dia, ter entrado numa espécie de ônibus suspenso no ar, muito iluminado, onde já se encontravam algumas pessoas a bordo e não sei para onde fui, mas tenho certeza de que fui aprender algo para ajudar na minha evolução.

No dia seguinte, acordei sem me lembrar de nada específico, a não ser o veículo iluminado, porém, uma sensação plena de bem-estar e uma certeza interior de que algo de muito bom eu tinha vivenciado e que me fazia ansiar pela noite seguinte, a fim de renovar aquele bem-estar numa nova experiência onírica.

E assim, os nossos encontros aconteceram com certa frequência e, inúmeras vezes, durante um tempo que não saberia avaliar, como já expliquei anteriormente. E a partir de um momento qualquer, uma história foi-se fixando em minha mente, todas as vezes em que eu acordava, com a certeza de que tinha estado com o meu amigo espiritual. Procurei anotar aqueles retalhos de memória e, de repente, me dei conta desta história que transcreverei a seguir, assim como me veio à mente.

capítulo 1

Autorização para o resgate

Num espaço dedicado aos setores de Restauração e Reeducação Espiritual, numa das inúmeras Colônias Espirituais, que se localizam sobre nosso orbe, o ar puro e fresco do dia claro era muito reconfortante para os três homens vestidos com roupas simples e confortáveis, de tecido opaco e claro, calçando sandálias de tiras largas e escuras.

Eles se encontravam conversando, animados, sob a frondosa árvore que centralizava o imenso jardim florido, diante da enorme construção de formas simples, mas de grande porte e elegância arquitetônica que era o Centro de Programas para o Futuro, às vezes carinhosamente chamado de CPF.

Martinho, Helio e Isaura eram companheiros de um tempo sem fim e missionários em inúmeras encarnações, cumprindo tarefas em que, é bom que se diga, foram muito competentes. Sempre retornavam, cada vez com mais frequência, aureolados em alegrias e cobertos de humildade pela tarefa cumprida, porém sem deixar de reconhecerem que ainda faltava muito para se tornarem Espíritos exemplares. Apenas se sentiam cumpridores dos propósitos de Deus.

Agora, mais uma vez, foram chamados por seus superiores para assumirem a incumbência específica de resgatar, do lugar em que se estagnavam, três Espíritos, seus amigos e companheiros de muitas jornadas terrenas. Essas infelizes criaturas, no uso da liberdade de pensar e agir, escolheram, por muitas ocasiões, caminhos errados, a ponto de se perderem nas demandas inferiores, em dívidas só resgatáveis graças à dádiva divina da experiência reencarnatória. Deveriam também, dando continuidade à tarefa, servir como guias e protetores durante o período em que estivessem reencarnados.

Os seis eram companheiros de muitas vidas e façanhas, porém, em algumas delas, nem sempre elogiosas. Depois de muitas quedas e recuperações falidas, Martinho, Helio e Isaura encontraram, no estudo edificante e no trabalho, a persistência no objetivo de elevação e evolução. Os outros três permaneceram nos descaminhos até chegarem ao fundo do poço, encontrando-se, no momento, mergulhados em situação lastimosa, passando por experiência difícil e sofrendo em consequência das escolhas malfeitas.

Esse grupo de amigos, nas últimas encarnações, se dividira. Três deles reencarnavam em uma região e os outros, em outra. Assim, por muito tempo, não se encontraram e, por causa do padrão vibratório que mudou entre eles, o afastamento foi se tornando cada vez mais longo.

Agora, com as condições vibratórias bem melhoradas, mais bônus-hora, dedicação e muito serviço voluntário, altamente altruísta, Martinho, Hélio e Isaura se reuniram na espiritualidade e se ofereceram para ajudar os outros três companheiros. Até porque, compreendiam agora que, em alguns momentos, não haviam feito nenhum esforço para retirá-los do caminho equivocado, pois entendiam antes que "cada um sabe de si" e que cada um fizesse o que quisesse fazer para viver e, daí, simplesmente lavaram as mãos e deram as costas, num gesto mínimo, talvez, de demonstração de boa vontade em "ajudar" o próximo.

– Vamos, então?

– Vamos, sim, precisamos retornar antes da oração do crepúsculo.

Os três saíram caminhando por uma das aleias que levavam à saída do grande e florido jardim, indo em direção ao CPF, ou Centro, uma bela construção branca, transparente e plana, logo ali à frente.

Entraram silenciosos e seguiram pelo largo corredor, iluminado pela luz morna do Sol que traspassava por uma cobertura abobadada e transparente, onde várias portas se enfileiravam. Pararam, por um momento, no umbral de uma delas, antes de entrarem numa ampla sala, também ensolarada.

De pé, numa das laterais de uma escrivaninha, um homem, vestido de maneira semelhante, porém, na cor azul, os aguardava, demonstrando alegria com a chegada do pequeno grupo. Seu semblante sereno, envolto numa aura de paz, emanava tranquilidade e deixava transparecer ser pertencente a uma categoria superior na hierarquia espiritual. Era um dos muitos orientadores do Ministério do Auxílio que, no momento, respondia pelo setor em que se encontravam. Juntos, escolheriam os programas e as circunstâncias reencarnatórias para as melhores tarefas a serem desempenhadas por seus tutelados, em benefício e adiantamento espiritual próprios.

– Que a paz seja com vocês, meus irmãos.

– Que a paz seja conosco – responderam quase juntos os três, ao entrarem e serem acolhidos com simpatia.

– O que os traz até aqui, neste momento? Ouvi dizer que têm boas notícias para mim.

– É mesmo, Irmão Adílio. Viemos lhe dar boas notícias sobre os nossos amigos e pedir mais uma oportunidade de reencarnação em favor deles. Eles estão demonstrando sincero arrependimento, abrindo e arrefecendo os corações empedernidos, com a intenção de abandonar os sentimentos menos nobres e, com isso, estamos esperançosos de que saiam definitivamente da cegueira espiritual em que estiveram mergulhados até agora. E, por consequência, estão conseguindo vislumbrar alguma noção das más escolhas que fizeram e estão pedindo ajuda, graças a Deus. Um desses Espíritos até tem-se recordado das orações do catecismo que aprendeu, ainda na infância, reproduzindo-as sem cessar em voz alta, afastando com isso os seus perseguidores, que se afastam literalmente por longos períodos, dando-lhe um pouco de paz e lucidez. Os outros dois, por força de o ouvirem, repetem maquinalmente a oração, também conseguindo, com isso, um campo de força positivo e o afastamento temporário dos seus desafetos. Diante disso, viemos até aqui ao Centro para consultá-lo sobre a possibilidade de auxiliá-los a saírem do vale se, porventura, já foi suficiente o tempo de espera para conseguirmos retirá-los e reconduzi-los novamente a uma nova experiência reencarnatória, ao aprendizado no caminho do Bem e do Amor de Jesus. Muitas orações têm chegado em intenção a eles, de Espíritos que os amam, na Terra e na espiritualidade.

– Sim, companheiros, tenho aqui o relatório dos irmãos que estão sob a guarda de vocês e que, por hora, estagiam junto àquele vale. Este relatório nos informa que eles já conseguem solicitar ajuda sincera, agora com maiores laivos de consciência sobre os erros cometidos e que, por consequência, vêm sentindo sincero arrependimento e vontade de refazerem o caminho. Já podem, sim, retirá-los daquela situação lastimável que eles mesmos criaram e que, graças às Divinas Leis do Amor, já tomam consciência suficiente para se reerguerem e conseguirem ajuda, pois, como sabemos, não há castigos, apenas o aprendizado e o cumprimento da lei de ação e reação.

É para nós, ainda, muito doloroso, como é o caso, assistir ao sofrimento dessas criaturas, sem podermos agir diretamente, tendo que respeitar as consequências do mau uso do livre-arbítrio nas escolhas erradas, e aguardar que o tempo aplique a justiça. Mas o mais importante é que sempre podemos nos arrepender e recomeçar, graças à bondade divina, e me sinto muito feliz quando podemos trabalhar em benefício daqueles que querem ser auxiliados.

Pois bem, meus amigos, já podem, sim, começar a reparação, o mais rápido que puderem. Passem pela sala de registros e apresentem os detalhes da tarefa para a retirada, que será realizada com a ajuda de um veículo e mais alguns companheiros que os ajudarão na empreitada, pois também têm outros irmãos para recolher. Vão com Deus e que a paz seja convosco.

– A paz seja conosco.

E os três saíram alegres em direção ao final do corredor e entraram numa outra sala, onde foram recebidos por um pequeno grupo de trabalhadores que se juntaram a eles, dando continuidade à tarefa.

Transcorridos alguns minutos, os três Espíritos, acompanhados de mais três outros socorristas, saíram do Centro, tomando o rumo do Vale do Sofrimento. *

O feixe de luz intensa vinha do alto, rastreando o solo escuro e pegajoso, como se viesse de um helicóptero. Quando se aproximava mais da região inferior, podiam-se ver mãos elevadas, e ouvir fracos gemidos e animalescos urros, em desesperados pedidos de socorro, estendendo-se na direção do foco

---

* São chamados de Vale do Sofrimento, lugares específicos de vibração inferior, causada pela mistura de pensamentos menos elevados, sensações e vibrações negativas de Espíritos inferiores. Essas criaturas infelizes se reúnem e se interligam pela sintonia, afinidade, pela lei de atração, causando aglomeração em núcleos de baixas vibrações espirituais.

Criaturas que, decaídas em atitudes lastimáveis, dignas de nossa compaixão, fizeram escolhas enganosas em muitas encarnações, precipitando-se no erro consciente. Pelas suas emanações menos elevadas, materializam ambientes de sofrimento, plasmados pelas formas-pensamento[1], debatendo-se em situação lastimável e até repulsiva, formando colônias em umbrais não muito distantes, entremeando-se com núcleos do bem, no espaço cósmico e na crosta terrestre. Ali permanecem, infelizmente, por tempo indefinido, enquanto não se entregam ao arrependimento dos seus deslizes, conforme nos informa *O Livro dos Espíritos* – Allan Kardec – Livro Quarto – Cap. II – perguntas 1012 em diante, até que pedem a ajuda do Pai Maior, reconhecendo que a Lei de Causa e Efeito exerce total poder sobre as criaturas. Na grande maioria dos casos, Espíritos afins, entes queridos que reencarnam juntos, inúmeras vezes como mãe e filhos, ou esposa e esposo, é que intercedem junto à Grande Organização e até conseguem, com muito trabalho no bem e muita determinação, retirá-los de lá e reencaminhá-los para reencarnações de provas, expiações e aprendizado.

1. Formas-pensamento são imagens materializadas pela mente dos Espíritos, muito usadas pela espiritualidade inferior para amedrontar os menos avisados.

luminoso que vinha do veículo aéreo. Como se fosse uma esteira de luz fulgurante, o facho desceu até aqueles seres aflitos, envolvendo-os e os recolhendo para cima, como se um imã os tivesse atraído, deixando para trás aquele lugar miserável e inóspito.

Naquele grupo de transgressores das leis de Deus, três Espíritos, amalgamados num só corpo, se destacavam como criaturas que estivessem ainda passando pela experiência reencarnatória de corpos xifópagos. Não se desgrudavam, como se a vida de um dependesse literalmente da do outro, havendo entre eles uma visível simbiose energética, causada por uma sintonia e afinidade desencadeadas num período anterior à última encarnação expiatória. Essas criaturas estavam naquele lugar por tempo suficiente para regredir a memória ao passado e entender por que haviam reencarnado em gestação de corpos siameses na última encarnação, resultante principalmente das vibrações e sintonias afins.

Tiveram a experiência de ficarem unidos pelo abdome, ficando presos um ao outro, formando um único corpo deformado, quase monstruoso, por período suficiente para afastá-los de seus perseguidores.

Sempre lembrando que tudo acontece pela bondade e justiça de nosso Pai Criador, era necessário que assim ocorresse.

Eles faziam parte de um grupo de criaturas infelizes, como tantos encarnados e desencarnados, desventurados da vida, que precisavam ser sacudidos pelo infortúnio, não como um castigo, mas como aprendizado intensivo, por consequência das próprias escolhas malfeitas, dentro da lei de causa e efeito.

Dois desses Espíritos provinham de uma última encarnação como mulheres, unidas pelo abdome, e o outro, com características masculinas, vinha num corpo semelhante a um envoltório cilíndrico, disforme, semelhante a um casulo, com a maior parte das pernas e braços colados ao corpo, a demonstrar como se encontravam os seus perispíritos, altamente deformados.

No momento, mergulhados no vale do sofrimento, encontravam-se perdidos em seus desvarios e com breves momentos de lembranças do passado, suficientes para pedir e alcançar ajuda dos benfeitores e, com a graça de Deus e de Jesus, passariam por mais uma reciclagem de pensamentos e atitudes nas escolas da espiritualidade, nos núcleos de recuperação, antes de uma próxima experiência terrena.

Quando chegaram ao Hospital de Recuperação da colônia espiritual, foram colocados imersos num tipo de banheira, por muitas horas em água fluidificada, para recuperarem a individualidade e refazer o tecido fluídico perispiritual que, devido às circunstâncias, se recuperaria parcialmente, pois, infelizmente, os perispíritos se encontravam tão impregnados pelas energias negativas, que seriam necessários alguns procedimentos mais intensos de magnetismo espiritual para desgrudarem as escamas que marcavam, como cicatrizes horrendas, os crimes e atitudes escabrosas cometidas em momentos de engano e ignorância.

Recuperando-se pouco a pouco, as peles escuras e malcheirosas foram se desprendendo daqueles corpos perispiríticos esqueléticos, vampirizados pelos seus próprios perseguidores, em estado tão lastimável quanto eles próprios.

Em seguida, foram levados para câmaras de restauração e colocados em cubas individuais, imersos num líquido leitoso e luminoso que se movimentava delicadamente num vaivém colorido, como se fora um arco-íris, enquanto uma música celestial envolvia todo o ambiente, refazendo os centros cerebrais.

Esses procedimentos faziam parte do tratamento, completado pelas emanações de amor que eram perceptíveis em todos os lugares do Centro. Amigos e parentes de algumas encarnações se revezavam em sinceras e piedosas orações para recuperar as forças daquelas criaturas que, cansadas no mal, pediram humildemente mais uma chance de reparar suas faltas, sendo que, mais uma vez, a Bondade Divina os ouviu.

E ali ficaram imersos por mais um tempo, restabelecendo-se, até que foram voltando à consciência, pelo menos o suficiente para recomeçar o trabalho de reeducação, relembrando as leis Divinas e os ensinamentos de Jesus, através de estudos sistemáticos dispensados por entidades treinadas no plano espiritual para esse fim. É impossível comparar com a contagem de tempo da Terra, alguns meses ou anos. Na espiritualidade, o tempo contado é sempre o suficiente para completar a programação espiritual, já iniciada muito antes do presente, por nós conhecido. Tudo vem do princípio e corre para o futuro infinito.

E, principalmente, é levada em conta a intensidade do arrependimento, a verdadeira vontade de se reerguer e continuar a tarefa de evoluir sempre.

Passado um tempo, indeterminado para os parâmetros da Terra, como expliquei anteriormente, eles foram levados por seus mentores ao Pavilhão Valores da Vida, no Ministério do Auxílio, para o setor de Reabilitação, Restauração, Reeducação e Programação para a Reencarnação. Dali em diante, os mentores estariam muito mais perto, para restabelecer e manter neles o equilíbrio e a confiança nos programas elaborados e para a sustentação do foco inicial que é o de ir em busca de si mesmo e do autoconhecimento.

Naquele momento, diante do mentor encarregado da distribuição de tarefas e reencarnações, no pavilhão de referência, o pequeno grupo compareceu, acompanhado por seus guias espirituais, amigos de longa data, que se propuseram a ajudá-los. Ainda sentiam-se debilitados na forma, mas totalmente imbuídos de força de vontade e coragem para enfrentarem a luta íntima, em uma nova oportunidade, num novo corpo e nova experiência, contando com a ajuda imprescindível de seus amigos.

Como crianças, não se afastavam de seus mentores, sabendo que só conseguiriam o seu intento com a ajuda prestimosa desses trabalhadores do bem.

Por conta da debilidade, eles sentiam ainda um pouco de dificuldade para entender totalmente o que acontecia ao seu redor, porém, respeitosamente, se postavam juntamente com outros Espíritos, em situação semelhante, formando grupos individuais, diante daquela entidade iluminada que se achava encarregada de passar-lhes as instruções complementares. Todos estavam acompanhados dos seus guias espirituais, seus anjos guardiões, seus amigos, companheiros de caminhada, para ouvirem a orientação final, antes que fossem adormecidos para os ajustes finais, de volta à Terra, reencarnados.

– Meus queridos irmãos em Cristo, aqui estão pela bondade infinita do Pai, que lhes dá mais uma oportunidade de retomarem o caminho e irem em busca da própria evolução. Como sabem, por mais que estejamos do seu lado e por mais que procuremos ajudá-los, assim como seus amigos guias, a parte principal é feita por cada um de vocês. Cada um, de posse do seu livre-arbítrio, é que vai fazer as suas escolhas e, sendo assim, nada mais nos resta que ajudá-los nas possíveis quedas e lhes restaurar as forças para se levantarem e continuarem a caminhada, com a permissão de Deus, nosso Pai. Repito: Essa é tarefa de cada um; não podemos caminhar por vocês, não podemos interferir nas suas decisões, mas, com certeza, caminharemos sempre juntos. Lembrem-se de que a oração constante e sincera nos mantém ligados ao socorro espiritual. Agora, sigam na paz do Senhor.

Convencidos dessa realidade, os Espíritos foram saindo, embevecidos na única certeza que os guiava – uma luz interior que lhes inspirava a ideia de ir para a frente – a Luz do Nosso Mestre Jesus.

"Eu sou o caminho, a verdade e a vida; ninguém vai ao Pai, senão por mim." Disse Jesus.

Situações muito semelhantes a esta, em todos os detalhes, acontecem a todo o momento com grupos de Espíritos que fazem parte de colônias de irmãos, encarnados ou desencarnados, que se agrupam em famílias e amigos, afinizados em ideais pouco elevados. Infelizmente, uns, arrastados pelos outros, resvalam em situações menos felizes e retornam a esferas espirituais inferiores do plano espiritual, ou em reencarnações de provas e expiação, inúmeras vezes, até conseguirem se libertar, sem necessitarem mais voltar, para repararem seus enganos.

capítulo 2

(ANO 1950)
DEPOIS DO CARNAVAL...

O RÉVEILLON DE 1950 TINHA SIDO MUITO FESTEJAdo por virar mais uma década, e esta prometia uma reviravolta tecnológica, já vislumbrada por invenções e algumas mudanças de comportamento que já podiam ser notadas aqui e ali, vindas principalmente da Europa, naquela época de profunda ebulição de costumes e novidades.

Desde a virada do ano até o carnaval que acabava de chegar ao fim, pelo calendário, mas não pelos foliões, havia uma euforia alicerçada na esperança de dias melhores que já pairava no ar.

Ao longo da orla marítima, os salões, ainda apinhados de foliões fantasiados, transpirando por todos os poros e cansados até a exaustão, ainda se embriagavam de bebidas, enquanto aspiravam éter perfumado, fazendo delirar, e até perder a razão. Eram pessoas que durante o ano todo jamais demonstravam ser capazes de tais atos. Mulheres lindas, vestidas com finos e transparentes tecidos, cobriam parcialmente o rosto com máscaras ricamente trabalhadas em brilhos e penas de pavão real, à moda de Veneza. Algumas traziam no canto da boca, fartamente pintada de batom vermelho, uma longa piteira com cigarro na ponta, imitando as melindrosas parisienses das décadas anteriores. Todos gargalhavam alto, embriagados de álcool e prazer mundano, enquanto se embalavam em movimentos desequilibrados sobre o chão coberto de confetes e serpentinas coloridas.

Tentavam, a muito custo, acompanhar o ritmo da música carnavalesca, dando uma triste demonstração de um divertimento equivocado.

Pelas ruas, casais abraçados, também embriagados de desejo e bebida, deslocavam-se de um lado para o outro, desviando-se do lixo de papéis coloridos, restos de fantasia e decoração momesca, misturados a cacos de garrafas, vômito e lixos de todo o tipo. Esse mar de detritos causava desconforto e nojo a qualquer pessoa que estivesse lúcida e que fosse avessa àquele tipo de diversão.

Uma banda tocava as últimas notas estridentes e compassadas, encerrando aquela noitada, aos primeiros raios de Sol.

Finalmente, o silêncio foi trocado pelos gritos das gaivotas que, alheias a tudo o que se passava, procuravam os primeiros alimentos do dia entre os barcos e a praia suja.

Aquela festa, tão prestigiada pelo povo, prometia futuros aborrecimentos para muitos, como no caso da jovem Adalgisa que, cambaleando entre outros transeuntes, ia descalça sobre os paralelepípedos desgastados e sujos, totalmente despenteada e coberta por restos coloridos e brilhantes de uma fantasia rasgada, que mal cobria o corpo moreno.

Carregava na mão direita as sandálias de salto alto enquanto, na mão esquerda, um cigarro queimava na ponta de enorme piteira escura. Caminhava em direção à sua casa, no final daquela rua. Ela havia sido deixada na esquina por um rapaz, que não queria ser identificado pela vizinhança que, com certeza, espionava por detrás das janelas àquela hora do amanhecer, como era costume naquele bairro de pouca diversão, onde todos "cuidavam" da vida de todos.

A jovem abriu a porta com certa dificuldade, largando no chão as sandálias e, em seguida, jogou-se de qualquer maneira na poltrona velha e desbotada, praticamente desmaiando de sono e embriaguez, ali ficando por muitas horas, completamente sem consciência.

O Sol raiou timidamente entre nuvens que prometiam chuva naquela quarta-feira de cinzas. A igreja matriz convocava seus fiéis desde as primeiras horas do amanhecer a se converterem e orarem, dando início ao período da quaresma, envolvendo seus santos em tecido roxo, representando a contrição diante da triste lembrança do calvário e da morte de nosso senhor Jesus Cristo.

Atendendo ao bimbalhar dos sinos, algumas senhoras, em grupos de duas ou mais, cobertas de roupa escura e véus sobre a cabeça, entravam respeitosamente pela grande porta entalhada, procurando, na lateral, a pia para molhar os dedos e fazer a reverência dentro da casa do Senhor.

Logo atrás, duas mulheres vestidas de branco, com véus pretos sobre os cabelos presos em coque, também repetiram automaticamente os mesmos movimentos. Em seguida, dirigiram-se aos bancos da frente e se postaram de cabeça baixa, em atitude solene, para serem as primeiras a tomar a comunhão, antes de seguirem para o trabalho no Hospital Santa Casa de Misericórdia.

Logo que terminou a cerimônia, Anita e Gertrudes saíram tão apressadas da igreja que, ao passarem pela porta lateral, ao lado da sacristia, quase tropeçaram num andarilho, ainda moço, deitado na calçada, dormindo, totalmente alheio a tudo e, provavelmente, inconsciente pelo excesso de bebida alcoólica.

Gertrudes, num gesto espontâneo de comiseração, voltou e deixou ao seu lado umas moedas que retirou da bolsa, e seguiram apressadas para o trabalho, enquanto sua amiga, debochando do seu nobre gesto, ainda destilou mais algumas palavras cheias de sarcasmo e ironia, que foram totalmente ignoradas pela amiga, já acostumada ao seu gênio egoísta.

Chegaram esbaforidas na pequena sala do hospital onde guardavam os seus pertences e poderiam trocar de roupa, se quisessem, mas as duas já vieram vestidas com seus uniformes imaculadamente brancos, para dar tempo de passar na igreja antes de assumirem o plantão.

Sem praticamente se falarem durante todo o trajeto, após o episódio do andarilho, elas não puderam desviar o olhar uma da outra ao pararem diante do grande armário onde deixaram as bolsas.

– Vai ser hoje?

– Ainda vou confirmar com ele.

– Ah...

Interromperam a conversa quando entrou Lúcia, seguida das outras colegas que conversavam entre si, mal as cumprimentando, e comentando que o plantão tinha sido muito puxado, com atendimento a muitos bêbados e traumas de todo o tipo, além do movimento de sempre.

– Mas, pelo menos, teve poucas internações?

– Sim, bem poucas. Na verdade, no carnaval é sempre assim: as pessoas se esquecem da compostura e se perdem pela vida fazendo de tudo e colocando a culpa na bebida. Então, por que bebem? Depois que tudo passa, vem o arrependimento, mas aí já é tarde, "Inês é morta".

Falava com certa irritação a enfermeira Leocádia, pessoa de bons costumes e comportamento rígido, dentro dos padrões da época, enquanto trocava o avental, imaculadamente branco, pela blusa azul de mangas compridas e saia plissada da mesma cor. Em seguida, pegou a bolsa e saiu pela porta, sem nem dizer adeus para as que ficavam. Uma a uma foram saindo da sala em direção aos seus interesses e deveres, ficando as duas, novamente a sós.

E Anita falou baixinho, mais para si mesma do que para a amiga.

– Que bom! Penso que hoje já será mais tranquilo, já que vou dobrar o turno. Pelo menos vai dar para descansar um pouco.

– Isso se a irmã Filomena deixar, não é? Pois ela também vai estar de plantão hoje à noite, e não vai querer ver ninguém dormindo pelos cantos – comentou Gertrudes, no mesmo volume de voz.

– Com ela eu me entendo... – falou Anita, entre dentes, mirando a amiga bem nos olhos, com um sorriso falso, que dizia muito além das palavras.

Rapidamente, elas saíram em direção ao grupo de enfermeiras e atendentes que caminhavam pelo longo corredor em direção à enfermaria, para dar início ao atendimento de costume: banho, medicação, alimentação, etc.

Atrás de todos estavam Anita e Gertrudes, ainda cochichando seus comentários.

O dia, na Santa Casa, seguiu a rotina esperada,

por conta dos abusos do Carnaval, mas nada que o pessoal treinado não conseguisse dar conta.

Já passava das nove da noite, quando o Dr. Louzada mandou chamar a enfermeira Anita pelo alto-falante.

Quando ela entrou na sala onde se encontrava, ele foi logo comentando:

– Vamos resolver isso hoje, pois não podemos perder mais tempo.

– Sim, já deixei tudo pronto, até o leitinho doce da Irmã Filomena.

Ao dizer isso, os dois caíram na gargalhada, colocando, em seguida, a mão na boca, disfarçando para não serem ouvidos fora da sala.

– Vamos precisar da ajuda da Gertrudes, como sempre. A que horas ela virá?

– Preciso distrair primeiro a Dilza da portaria e a Elza telefonista. As duas não podem desconfiar, senão estaremos perdidos.

– É claro que não vão desconfiar, não há o que desconfiar, nós sempre cuidamos de cada detalhe...

Depois, vamos dar entrada da paciente lá por trás, pela capela do necrotério, pois por ali não tem erro. Ninguém gosta de passar por aquele lugar, muito menos à noite, principalmente porque, de vez em quando, conto para um funcionário, aqui e outro ali, como quem não quer nada, uns casos de aparição. Digo sempre que aparece um vulto de branco andando pelo corredor e, por isso, ninguém vai lá para aqueles lados, se não for obrigado a ir... E assim, ninguém vai querer nem passar por perto. Esse pessoal tem medo dos mortos, mesmo trabalhando num hospital, lidando com a morte o tempo todo. Eles deveriam ter medo dos vivos, pois estes, sim, nos atraiçoam pelas costas o tempo todo.

– Cruz credo! Até eu fiquei com medo, me arrepiei inteira, olha só.

E Anita mostrou o braço arrepiado, em seguida se benzeu várias vezes e beijou os dedos rapidamente, fazendo o médico rir da sua ingenuidade.

Ele era declaradamente um cético, um ateu, não acreditava em nada. Para ele, a ciência explicava tudo, não acreditava em Deus e duvidava de tudo o que não fosse provado por ela. Era um pobre de espírito como se fala popularmente, procurando viver a vida, sem pensar nas consequências.

– Como é que você vai distraí-las desta vez?

– Ah, eu trouxe duas Revista do Rádio e elas vão ficar tão envolvidas na vida dos artistas, que nem irão se dar conta de mais nada. Podemos fazer tudo tranquilamente, como sempre.

Um pouco mais tarde, Anita entrava pela sala da Irmã Filomena trazendo-lhe um pequeno bule de louça branca contendo leite quente fervido com folhas de hortelã, como ela gostava.

– Ah, minha boa Anita, quanta generosidade. Eu já ia agora mesmo tomar meu leite na copa. Se eu não soubesse que você faz isso com todas as irmãs de plantão, me sentiria tão envaidecida que até pecaria para Deus. Mas eu sei que você faz isso por bondade mesmo e para todas nós da mesma forma.

– É que não me custa nada, Irmã, pois é nesta hora que sempre tomo o meu café com leite, e o que me custa trazer o seu leite também? E hoje a senhora está com sorte, pois ainda trouxe uns sequilhos de casa, bem fresquinhos, que estão se desmanchando na boca. A minha cunhada é quem faz, ela tem mãos de fada na cozinha.

– Hummm, são deliciosos mesmo. São de nata?

– Sim, são de nata. Se quiser, peço a receita.

– Quero sim, faça-me este favor.

Enquanto a Irmã tomava candidamente o leite quente, Anita fazia-lhe companhia para observar cada movimento dela, pois precisava ter certeza de que o efeito do remédio que ela havia posto no leite faria efeito rápido, imediato mesmo, para que não desconfiasse do que ela tinha feito. Ao acordar, o efeito passaria também de imediato, sem deixar vestígios de que havia dormido pesadamente por pouco mais de uma hora e, assim, ela nem notaria o lapso de tempo em que esteve "ausente". Assim que ela adormeceu, colocou-a em posição confortável, mas ainda sentada em sua cadeira de espaldar alto e atrasou o relógio em cinquenta e cinco minutos. Era assim que sempre agira muitas vezes, sem que ninguém percebesse o ocorrido. Mais tarde, voltaria para acertar o relógio.

Então, saiu rapidamente e se dirigiu para a última sala do corredor, onde o Dr. Louzada e Gertrudes já se encontravam a postos, só esperando por ela. Na maca, já adormecida, estava uma mulher ainda jovem, pronta para um procedimento cirúrgico, comandado pelo médico e assistido pelas duas enfermeiras, tudo isso acontecendo dentro do próprio hospital onde, usando de subterfúgios indecorosos, os três conseguiam atender a uma clientela que cada vez aumentava mais, para o nefasto e criminoso ato.

– Pronto, aqui está! Leve rapidamente para o incinerador.

E entregou, dentro de uma bacia de ágata branca, o volume de vísceras sangrentas, ainda quentes e pulsantes, para Gertrudes que, rapidamente, saiu dali, indo destruir qualquer vestígio do que se passava naquela sala, havia meses. Ela era incumbida da limpeza de tudo, logo depois de incinerar o material retirado das entranhas das mulheres que ali compareciam em quantidade cada vez maior. E o fez tantas vezes, que não suportava mais sentir nenhum tipo de cheiro de carne queimada, pois logo vinha ao seu pensamento aquela atividade, agora cada vez mais frequente na sua vida.

Apesar de trabalharem num sistema de cumplicidade, e cada um procurando não cometer nenhum erro que os delatasse e os denunciasse pelos crimes cometidos, aquele grupo de aborteiros não estava a sós, pois grande legião de Espíritos infelizes os rodeava naquele momento. Uns, revoltados, choravam a oportunidade perdida, prometendo vingança por perderem a oportunidade de reencarnar, enquanto outros se alimentavam barbaramente, e com sofreguidão, das energias emanadas por aqueles corpos em formação. Outros mais, se deleitavam em transgredir as leis Divinas e dominar os Espíritos infelizes, fazendo-os seus reféns, aumentando assim, cada vez mais, a legião inferior que tinha a pretensão de dominar o mundo.

Quem tivesse oportunidade de ver a cena na

dimensão espiritual que se desenrolava ao redor deles, ficaria, no mínimo, arrepiado de pavor. Muitos gritavam desesperadamente, querendo segurar as vísceras ainda latejantes, enquanto o fogo as consumia, criando um ambiente de mal-estar espiritual angustiante, que não podia ser visto por Gertrudes que, com certeza, não suportaria mais fazer aquele trabalho.

capítulo 3

Uma cliente importante da sociedade

Alguns dias depois, após ecoar entre as paredes as últimas badaladas, pausadas e tristes, das nove horas, vindas do enorme carrilhão que ornamentava a grande sala de jantar, o pai, seguido da esposa e da jovem filha, foram adentrando no austero ambiente. Enquanto se sentavam em seus costumeiros lugares à mesa enorme de madeira de lei, imersos em seus pensamentos, o copeiro, devidamente uniformizado, aguardava discretamente, alguns passos atrás, para dar início ao serviço de jantar.

Na casa do Corregedor, o clima era pesado e a penumbra do ambiente, mal iluminado por arandelas escuras e sombrias, contribuía muito para aumentar o desconforto da situação que, a cada minuto, se tornava mais tensa e pesada, quase insuportável.

A sopa de legumes já aguardava na terrina de porcelana, coberta por elegante tampa ornamentada de arabescos dourados. Ao discreto sinal do dono da casa, o copeiro, que aguardava em silêncio, deu início ao mister de servir o jantar, deitando as conchas de sopa fumegante nos finos pratos também de porcelana inglesa que formavam um belo e elegante conjunto.

Enquanto estendia no colo o guardanapo de linho branco, engomado e personalizado, com as iniciais do casal entrelaçadas num lindo bordado, lágrimas discretas desciam pelas faces pálidas da menina-moça sentada ao lado da mãe, que repetia o mesmo gesto automaticamente.

O silêncio era sepulcral.

O copeiro, dando continuidade, serviu o copo de vinho que estava à frente do homem visivelmente contrariado, a demonstrar nos gestos cortados pela raiva contida. Engoliu toda a bebida de uma só vez e levantou-se bruscamente, jogando o guardanapo sobre o prato. Em seguida, dirigiu-se ao escritório onde entrou e bateu com toda a força a pesada porta entalhada, atrás de si, ignorando assim, a presença da esposa e da filha, objetos de toda a sua raiva.

Lá permaneceu até depois da meia-noite, quando chamou o copeiro e pediu o chapéu, avisando que chamasse o carro.

Já entrando pela madrugada, estacionado sob uma árvore que favorecia a discrição do momento, numa área mal iluminada e deserta àquela hora, um carro preto e com os faróis apagados, ali permanecia.

Um homem taciturno, de chapéu sombreando-lhe a face, encontrava-se sentado ao volante, calado, enquanto avaliava aquela situação, mais precisamente a repercussão que poderia causar na sua posição social e nos seus negócios. Ao seu lado, uma senhora vestida de preto retorcia, entre as mãos trêmulas e úmidas de nervosismo, um pequeno lenço branco, enquanto respirava sofregamente. No banco de trás, também de roupa escura e envolvida num enorme xale negro, uma jovem de cabelos claros e longos chorava baixinho, sem se fazer ouvir; apenas deixava deslizar, por suas faces pálidas, as lágrimas amargas que não paravam de cair.

O silencioso grupo aguardava na rua detrás do hospital, com o peito apertado de ansiedade, cada um vendo a situação sob o seu próprio ponto de vista, em silêncio, dentro do carro.

Essas atitudes eram muito comuns àquelas pessoas que viviam de aparências, mergulhadas numa falsa sociedade, cheia de dinheiro, preconceitos e futilidades.

Em seguida, apareceu Gertrudes fazendo sinal em direção a eles, olhando para os lados e tomando todas as precauções para que não fossem vistos. Viera buscar a jovem e com ela se dirigiu em passos rápidos para o interior do hospital, atravessando pela porta estreita, bem perto de onde o carro estava estacionado. Nada foi falado, pois nada havia a falar entre eles. Todos sabiam o que estavam fazendo ali e daquela forma. E assim foi feito.

Depois de aproximadamente meia hora, retornou, lá dos fundos do hospital, pela mesma porta estreita, a jovem de preto, novamente assistida pela enfermeira Gertrudes, mulher de quarenta anos, expressão envelhecida, que a abraçava fortemente, já que a senhorita não havia se sentido muito bem durante o procedimento. Mesmo assim, precisava que saísse dali rapidamente e para isso estava sendo ajudada. Ia quase carregada.

Com certa dificuldade, a moça entrou e acomodou-se no carro com a ajuda da mãe. A mocinha mal teve tempo de agradecer timidamente a gentileza da enfermeira, quando o veículo arrancou em velocidade, tomando o rumo oposto àquele endereço. Porém, dois quarteirões adiante, ela desmaiou dentro do carro e uma forte hemorragia irrompeu, deixando-a inconsciente e inerte, como se já houvesse morrido ali, naquele momento, dentro do carro do pai.

Dando meia volta no automóvel, o motorista, seu próprio pai, retornou de onde viera e irrompeu pelo portão da emergência do hospital, dando entrada, agora pela porta da frente, a jovem hemorrágica e desacordada.

O Dr. Louzada e o corpo de enfermagem foram acionados sem demora pelos alto-falantes e nova curetagem e demais procedimentos foram providenciados às pressas, sem que nenhum comentário fosse feito a respeito do assunto, já que, pelo status e pela idade da garota, ainda muito jovem, e notadamente de "boa família", jamais se pensaria numa gravidez, quanto mais em aborto.

Horas depois, passando por transfusão de sangue e ainda sob efeito de tranquilizantes, a jovem foi considerada "salva" pelo Dr. Louzada, porém ainda colocada sob intensa vigilância durante o resto da noite e parte da manhã, até que foi liberada por volta do meio-dia. Na verdade, ela precisaria de mais alguns dias, talvez semanas para se recuperar totalmente, mas dadas as circunstâncias, esse ato não era nem do interesse dos pais, e muito menos do médico envolvido. Sabe-se como é: as notícias voam.

Passado o susto, horas depois do ocorrido e da alta da mocinha, o Dr. Louzada, Anita e Gertrudes conversavam discretamente no corredor, comentando o susto que passaram e o risco de a jovem morrer ali, diante deles. E é claro, teriam encrencas com a polícia e ainda provavelmente seriam presos. Combinaram, então, de suspenderem um pouco esses procedimentos para refazerem os planos. O susto foi grande, dessa vez foi por pouco, e não podiam abusar da sorte.

Dizia ele para as duas, que o ouviam atentamente:

– Estou planejando seriamente alugar uma casa numa cidade próxima e levar vocês para trabalharem comigo, o que acham? Talvez uma chácara, para facilitar a incineração? Podemos ganhar um bom dinheiro nisto. Afinal, quem não gosta de dar umas "puladinhas de cerca", sem consequências desagradáveis, hein? Quem arruma problemas tem que pagar muito bem para que alguém os resolva, e é aí que nós entramos, mas temos que fazer sempre um trabalho profissional, seguro, para não deixar rastro. Não podemos vacilar. Daqui a um mês, ou pouco mais, já teremos muito serviço por conta do carnaval – arrematou, dando uma piscada de olho para elas, e os três riram, como se aquilo tudo não passasse de um ato corriqueiro, sem importância, e inconsequente. Não imaginavam quantos Espíritos infelizes se agrupavam ao seu redor a cada ato criminoso que praticavam. Era um desvario só.

Duas semanas se passaram e veio a notícia da morte da mocinha que eles atenderam por último e que quase morrera: a filha do Corregedor. Mas, na verdade, ela se suicidara.

Saiu uma breve nota nos jornais como se fora apenas uma parada cardíaca, outros divulgaram um aneurisma, enfim, nenhuma notícia contava a verdade.

A garota, desesperada, deixara uma carta de despedida contando que não suportaria viver, no que ela chamava de pecado, e que não conseguiria continuar com essa culpa, a de ter tirado a vida de seu filhinho e, pensando assim, acabava logo com esse sofrimento. Tinha certeza de que, quando seus pais soubessem, ficariam até aliviados por não terem que dar explicações inexplicáveis aos amigos em sociedade. Terminava a carta-despedida, tristemente, com esta frase indagadora. "Por que sofremos tanto na Terra"?*

---

* De acordo com a Doutrina Espírita, não sofremos porque "Deus castiga", "para pagar nossos pecados", porque "Deus é ruim". Sofremos porque a Justiça Divina nos condicionou à LEI DE CAUSA E EFEITO, mais conhecida vulgarmente com o dito popular; "aqui se faz, aqui se paga, se não pagar nesta, paga na próxima. A gente colhe o que planta."

É claro que a carta não foi divulgada, mas sua mãe guardou-a como uma relíquia, culpando-se o tempo todo por ter sido conivente com o marido, ao invés de ter apoiado a filha, pois assim, ainda a teria junto dela. Talvez até pudessem ter promovido um casamento de interesses, mas que manteria a vida da filha amada. Porém, quem mandava era o marido e os interesses financeiros, daí que teve que apenas obedecer, como sempre...

Explicando de uma forma grosseira, é assim mesmo. Temos a oportunidade de resgatar os nossos débitos, nossas faltas com o nosso próximo, reencarnando aqui na Terra e convivendo de uma forma ou de outra com os nossos afetos e desafetos. Estamos em dívida com o nosso semelhante, se fizemos com ele o que não deveríamos ter feito e precisamos ressarcir para aprendermos a não cair no mesmo erro ou em outros.

Precisamos aprender o amor que Cristo nos ensinou: "Amar a Deus sobre todas as coisas e ao próximo como a ti mesmo".

capítulo 4

A PRIMEIRA VINGANÇA

PASSARAM-SE APENAS ALGUNS DIAS DO SUCEDIDO, talvez uma semana, e a vida do Dr. Louzada seguia a sua rotina, sem qualquer demonstração de arrependimento pelos seus atos. Ao contrário, só pensava num meio de agir com mais liberdade e sem problemas com a lei.

Quando o plantão, naquela quarta-feira, já ia pelas vinte e uma horas, e o médico ainda trabalharia até às sete da manhã do dia seguinte, chegou um mensageiro com um pequeno pacote para ele, entregando-o na portaria para a pessoa que estava de serviço. Dentro, havia uma garrafa de um excelente vinho francês, da melhor qualidade, muito bem embrulhada em papel fino e elegante, mas sem vir acompanhada de qualquer cartão ou bilhete. E o doutor, acostumado a receber presentes de clientes agradecidos, com certa frequência, simplesmente abriu seu armário para guardá-lo, sem se preocupar com quem o enviara.

Antigamente era bem comum os clientes satisfeitos enviarem alguns mimos para os médicos e para as enfermeiras que os atendiam e que lhes dedicavam muita atenção. Daí, resolveu que o beberia mais tarde, talvez durante a madrugada, depois que o movimento diminuísse. Ficou até com a boca cheia d'água ao saborear mentalmente a bebida importada, de marca e paladar muito seus conhecidos.

Por volta das vinte e três horas, Anita entrou na sala e fechou a porta logo atrás de si, sorrindo de forma especial, demonstrando uma intimidade a mais do que aparentava diante de outras pessoas. Beirava os quarenta anos, mas trazia em si o vigor da sensualidade que fazia questão de demonstrar com languidez no olhar que, na maioria das vezes, fazia o médico sentir-se envaidecido por ter aquela mulher só para ele.

– Sabe? Soube que nossos filhos estão saindo juntos desde o carnaval... Adalgisa me disse...

– Nada disso! – exclamou o médico, contrariado. – Não quero meu filho de romance com sua filha, nem pense nisso! E você sabe bem o porquê da minha negativa!

– Mas o que é que tem? Assim até facilitaria para nós, pois ninguém iria desconfiar da nossa "amizade" – respondeu Anita, fazendo um gesto de aspas no ar.

– Não quero nada disso, eles bem podem ser irmãos! Você sabe disso, e o bom do nosso relacionamento é justamente porque não "somos uma família".

E repetiu o gesto de aspas com as mãos, fazendo com que a enfermeira tivesse sua expressão facial totalmente modificada, passando de controlada e autoconfiante para a de furiosa, descontrolando-se progressivamente.

– Eu mato você, desgraçado, se me deixar de lado! Não lhe darei sossego nem depois de sua morte. Não brinque comigo, que você me conhece muito bem! E nem me venha com essa história de que eles podem ser irmãos, novamente, porque eles são bem diferentes, Adalgisa só pode ser filha do pai dela, mesmo...

– O que é isso, meu bem?! Olhe a sua tireoide. Você fica nervosa e ela se desestabiliza. Veja só como a sua pele avermelhou na hora, olhe bem, observe as veias pulsando forte no seu pescoço, olhe só! Não sei para que tanta aflição, tanto destempero, fique calma, meu amor, fique calma...

Anita parou de falar no mesmo instante e engoliu em seco, enquanto colocava a mão na garganta, num gesto de proteção, fechando os olhos em seguida, e assim permanecendo em silêncio, recostada na poltrona, procurando respirar pausadamente até reaver o controle de suas emoções.

Ele era um hipócrita, já havia descoberto o seu ponto fraco e fazia uso dele sempre que precisava dominá-la. Ela era hipocondríaca, e quanto mais lidava com doenças e doentes, mais maníaca, mais impressionada e impressionável ficava com seu próprio corpo. E ele continuou argumentando com palavras suaves e tranquilizadoras, acalmando-a, até que, lentamente e com um leve sorriso de vitória nos lábios, levantou-se da cadeira e foi até o armário onde pegou a garrafa de vinho que havia recebido horas antes, servindo duas taças, com gestos medidos e meticulosos, calculando simetricamente a quantidade das duas taças de cristal que guardava no armário para essas ocasiões.

– Minha querida, de Medicina eu entendo. Ela pode ser minha filha, sim, pois você estava no período fértil e teve um relacionamento comigo e com o seu marido no mesmo dia. Então, só Deus sabe, pois a Medicina ainda não descobriu como comprovar, porém, eu, particularmente, até acho que ela não é...

– Então, se você acha que ela não é sua filha, por que não os deixa...

– Acontece, minha querida, que eu tenho planos para o meu filho, que não incluem a sua filha – respondeu, interrompendo-a, enquanto esticava o braço, oferecendo-lhe a taça de vinho, enquanto levava a dele até as narinas para apreciar o buquê.

Fechou os olhos em silêncio, deliciando-se com o aroma da bebida e, em seguida, a ergueu fazendo um brinde a eles mesmos. Tocou levemente a taça dela com a dele e também a dirigiu para a parede e para o alto, estendendo o brinde até onde se encontrava emoldurado, o juramento dos médicos. Em seguida, ambos beberam o vinho de uma só vez, estalando os lábios de prazer.

Quando iam elogiar a bebida e repetir o prazer, enchendo as taças novamente, ambos caíram ao chão, praticamente fulminados, um sobre o outro.

Estrebucharam-se por breves momentos, espumando pela boca e desencarnaram em seguida, quase ao mesmo tempo. Uma dose alta de cianeto não permite a ninguém sobreviver, mesmo estando dentro de um hospital.

Imediatamente, uma legião de Espíritos, envoltos numa nuvem negra e pesada, entre gargalhadas, recolheu violentamente os Espíritos de ambos e os carregaram para longe dali, antes mesmo de serem dados como mortos, oficialmente, pela Medicina.

Enquanto agonizavam os últimos segundos de vida, o olhar do médico estancou no quadro bem emoldurado em dourado, que estava preso à parede com o **Juramento de Hipócrates***.

Aquele juramento que os médicos fazem ao se formarem, e que, apesar de ser declamado em alta voz pelo Dr. Louzada nas rodas mundanas, entre os amigos, e sempre entrecortado por gargalhadas e deboche, voltou todo à sua mente, naquele momento, como um raio, antes de dar o último suspiro.

A imagem ficou fixada em sua retina e levou consigo a lembrança amarga do tempo desperdiçado e de um compromisso assumido e não realizado.

---

*Juramento de Hipócrates

"Por Apolo, o médico, e por Asclépio, por Higia e Panaceia e por todos os deuses e deusas, a quem conclamo como minhas testemunhas, juro cumprir o meu dever e manter este juramento com todas as minhas forças e com todo o meu discernimento: tributarei a meu Mestre de Medicina igual respeito que a meus progenitores, repartindo com eles meus meios de vida e socorrendo-os em caso de necessidade; tratarei seus filhos como se fossem meus irmãos e, se for sua vontade aprender esta ciência, eu lhes ensinarei desinteressadamente e sem exigir recompensa de qualquer espécie. Instruirei com preceitos, lições orais e demais métodos de ensino os meus próprios filhos e os filhos do meu Mestre e, além deles, somente os discípulos que me seguirem sob empenho de suas palavras e sob juramento, como determina a praxe médica. Aviarei minhas receitas de modo que sejam do melhor proveito para os enfermos, livrando-os de todo mal e da injustiça, para o que dedicarei todas as minhas faculdades e conhecimentos. Não administrarei a pessoa alguma, ainda que isto me seja pedido, qualquer tipo de veneno e nem darei qualquer conselho nesse sentido. Da mesma forma, não administrarei a mulheres grávidas qualquer meio abortivo. Guardarei sigilo e considerarei segredo tudo o que vir e ouvir sobre a vida das pessoas durante o tratamento ou fora dele."

Só bem mais tarde encontraram os dois cadáveres, enrijecidos no esgar da morte, no chão da sala, entre os cacos de cristal das finas taças e do vinho derramado.

Para a polícia e demais colegas, eles fizeram um pacto de morte, mas Gertrudes tinha suas desconfianças. Alguma coisa dentro dela dizia que era vingança de algum cliente, provavelmente a última, ou melhor, dos seus familiares, inconformados com a trágica morte da jovem, e, também que, assim, a tragédia não deixaria rastros.

– Eles não se matariam por nada deste mundo – pensava ela com seus botões. – Eram ambiciosos demais, arrogantes demais, e muito apegados à vida e ao dinheiro fácil. Nem ela, que era cúmplice, suportava mais determinadas atitudes dos dois. Havia muito que pretendia se desvincular deles, mas não conseguia.

Precisava daquele emprego e eles talvez temessem que ela, algum dia, desse “com a língua nos dentes”. Na verdade, ela tinha medo do que os dois poderiam fazer com ela, também. Já havia recebido algumas ameaças veladas de ambos, e ela não iria pagar para ver. Na verdade, nesse momento, até sentiu certo alívio em se ver livre deles. – Deus sabe o que faz – pensou.

E assim, sob muita conspiração, as notícias circularam, apregoadas em todos os cantos, pelos jornais e rádios da cidade, sobre o desfecho "de um grande amor impossível". Só se comentava isso. Pelo menos, foi como as autoridades policiais deram por encerrado o caso: "pacto de morte, por amor".

Os cadáveres foram enterrados no final do dia, já que, de acordo com o laudo, a morte de ambos se deu por volta das vinte e duas horas do dia anterior, ou um pouco antes.

O assunto repercutiu pela cidade ainda por muito tempo, mal se sabendo a verdade sobre aquelas duas criaturas, sem Deus no coração. Apenas seus clientes eram os maiores interessados em manter o silêncio. Sim, principalmente os homens que, na maioria das vezes, fazem pressão para que as suas mulheres, filhas ou amantes, façam o aborto.

E enquanto seus corpos baixavam à sepultura, seus Espíritos, arrebatados pelos seus algozes, já perambulavam como trapos humanos nas galerias escuras dos umbrais inferiores da espiritualidade, levados por inimigos e afins que só aguardavam o triste desfecho para tomar posse de suas almas enegrecidas pela perversão, por escolhas malfeitas, embasadas nos enganos de que tudo termina com a morte.

capítulo 5

A segunda vingança

A vida continuava a sua rotina e a culpa aumentava a angústia de Gertrudes, que não conseguia se esquecer do cheiro de carne queimada e das bacias cheias de vísceras ensanguentadas que pulsaram em suas mãos. Já não dormia quase e estava cada vez mais desatenta ao trabalho. Suas colegas achavam que ela sentia muito a falta de sua amiga inseparável e que havia ficado muito impressionada com o acontecido entre os dois. Vivia sobressaltada.

Passou a cometer erros perigosos que, no seu

trabalho, poderiam significar a morte ou complicações irreparáveis aos pacientes que eram internados no hospital para se curarem e não para morrerem por irresponsabilidade de alguém.

Certa manhã, depois de cometer mais um erro, Gertrudes foi repreendida e suspensa por duas semanas, com a observação de que fizesse uma consulta médica e desse início a um tratamento, antes de voltar.

Saiu desalentada da sala da Irmã, diretora do hospital, reconhecendo seus erros, mas não via saída para seu problema, já que não podia contar as causas, que a levaram a esse estado. Então, dirigiu-se ao vestiário enquanto pensava o que fazer, aonde ir naquela hora de tanto desalento. Não podia conversar com ninguém, não tinha coragem nem de contar a um padre em confissão, afinal, ela transgredira a lei de Deus e dos homens e iria ser presa logo que tudo isso viesse a ser do conhecimento de alguém, e amargaria até os seus últimos dias da Terra, numa cadeia qualquer, sem contar que estava destinada, pela Igreja, a ir para as profundezas do inferno.

Enquanto despia o avental lentamente e retirava da cabeça o chapeuzinho branco que fazia parte do imaculado uniforme de enfermeira, entrou no vestiário uma colega que lhe entregou um pacote e uma flor, dizendo-lhe algo que ela nem prestou atenção. Colocou tudo numa bolsa de pano, feita em tecido gobelino marrom, e saiu sem se despedir de ninguém.

Perambulou sem rumo, por muito tempo, foi em direção ao mar e lá ficou até quase o Sol se pôr, sem vontade de voltar para casa. Permaneceu ali, sentada na areia, até que ouviu as seis badaladas dos sinos que convocavam à oração da hora do "Ângelus". Então, dirigiu-se lenta e automaticamente até a igreja, sentando-se numa das laterais, bem perto da entrada principal, ao lado esquerdo da porta. Parada e quase ausente de si mesma, ficou olhando para os nichos dos santos, ainda cobertos de tecido roxo e envolvidos, assim como toda a nave, numa penumbra fria.

Olhava o tudo e o nada, quando o seu estômago reclamou por falta de comida. Sentia fome por estar há horas sem nenhum alimento, na verdade, desde o jantar do dia anterior. Pela manhã, tomara apenas água antes de ir para o hospital trabalhar, não almoçou também, pois não tinha nenhuma vontade de comer. Lembrou-se, então, de olhar na grande bolsa para ver se havia trazido o lanche de costume, geralmente uma fatia de pão caseiro com queijo. Não, não estava lá. Somente aquele pacote que a sua colega lhe entregara no vestiário, quando ia saindo.

Abriu-o, sem curiosidade ou interesse nenhum, pois apenas queria ver se era algo que poderia comer, já que o estômago roncava e ela iria assistir à missa antes de ir para casa. Era o mínimo que podia fazer: pedir perdão a Deus.

Era um delicioso pãozinho redondo, conhecido por "sonho", recheado de goiabada e envolvido em fino papel branco.

Acomodou-se discretamente no canto oposto à porta, do lado de quem entra na igreja, mais precisamente no lado esquerdo, onde os que ali se sentam quase não são percebidos por quem entra, e retirou do saquinho de papel, com cuidado para não melar os dedos, o delicioso doce. Comeu-o em dois bocados seguidos, já que era um bolinho pequeno, e de maneira rápida e discreta, para não chamar a atenção de quem entrava na nave para a "missa das seis e meia". E, imediatamente, sem exalar sequer um suspiro, caiu morta para o lado do banco em que estava sentada, enquanto entidades, agrupadas num bloco que mais parecia um vespeiro, repetindo a cena do doutor Louzada e Anita, retiraram seu Espírito do corpo inerte e o levaram consigo, na desdita de quem fica à mercê de seus desafetos.

Mais um envenenamento com cianeto; provavelmente, alguém completara o serviço iniciado.

Quando vivemos em harmonia com os ensinamentos de Deus, temos a felicidade de sermos protegidos por Espíritos do bem e sermos recebidos por eles, e outros amorosos irmãos, quando desencarnamos. Mas se resvalamos no erro e no comprometimento com as LEIS DE DEUS, principalmente após a desencarnação ficamos nas mãos de nossos perseguidores e cobradores de faltas que cometemos, e sofremos a lei de atração. Neste caso, Gertrudes atraiu comparsas do mal, no uso do seu livre-arbítrio, quando escolheu matar conscientemente.

O nosso guia protetor, nosso anjo de guarda, nossos amigos espirituais, nestas horas, só podem orar, geralmente em lágrimas, ***sem poder interferir****, já que todos nós vivemos sob a Lei de Causa e Efeito.*

Se não oramos e nem vigiamos nossos atos, nossos passos e nossos pensamentos, e não usamos do livre uso da nossa vontade para o bem, vamos ser, sim, levados por legiões de Espíritos que só vivem no mal e para o mal, para as profundezas espirituais. São Espíritos trevosos e vingativos.

capítulo 6

(ANO 1958)

LOGO DEPOIS DA MORTE DE SEUS PAIS, EM TÃO TRÁgicas circunstâncias, Adalgisa, filha de Anita, e Roberto, filho do doutor Louzada, que eram irmãos, sim, mas não sabiam e se amavam desesperadamente, aproveitaram para fugir da cidade.

Adalgisa vivia só com a mãe e ficou sozinha no mundo, mas Roberto, não. Ele tinha a mãe e um irmão, que seria médico brevemente, como seu pai.

A filha de Anita era tão solitária, que ninguém

se deu conta da sua ausência. Nem os vizinhos, que ela pouco conhecia.

Roberto alegou à sua mãe e ao irmão, num bilhete escrito às pressas, que estudaria noutra faculdade, por isso iria embora. Assim, saíram os dois da cidade num mesmo ônibus, sem que ninguém ligasse as duas pessoas a uma vida só, e foram viver juntos, longe de todos os conhecidos e da tragédia que se abateu em suas vidas.

E agora, passados oito anos sem retornar à cidade, Roberto voltou, atendendo a um chamado do irmão. Este lhe avisava da urgência em rever a mãe, que estava muito doente e que queria vê-lo pessoalmente, já que apenas de vez em quando, geralmente no aniversário e no Natal, se falavam ao telefone.

Ao chegar, percebeu o quanto a cidade mudara em tão pouco tempo. Indústrias foram implantadas fazendo crescer o comércio e prosperar a cidade onde nascera e crescera, mas da qual não guardava boas lembranças.

Dirigiu-se diretamente ao hospital onde encontraria seu irmão e sua mãe, ali internada para tratamento muito sério, na verdade, em estado bem grave, de acordo com o telegrama recebido, fato confirmado, assim que chegou, aflito e pesaroso.

Porém, ela não durou muito após sua visita e veio a falecer pouco depois de sua chegada, como se estivesse somente à sua espera para abraçá-lo pela última vez e, em seguida, morrer em paz.

Mais uma vez a cidade foi marcada para Roberto por momentos de tristeza. Restou-lhe o irmão, Dr. Louzada Filho, como era conhecido.

– E então, meu irmão? O que anda fazendo, além de política? – perguntou o médico.

– Só política mesmo e, claro, fazendo planos de carreira...

Por um momento eles silenciaram e se sentiram pessoas completamente estranhas, não sentindo nada em comum. Nada entre eles clamava suas origens, nem pelo pai ou pela mãe. Eram estranhos um ao outro, em Espírito e ideais. Pelo menos assim parecia, já que houve um constrangimento entre os dois, como se nunca tivessem se conhecido ou convivido. De repente, faltou assunto, o que lhes gerou um pequeno mal-estar. Mesmo assim, Roberto sentiu necessidade de lhe contar um pouco de sua vida, talvez por ser a única pessoa em quem ele realmente sabia que podia confiar. As suas raízes lhe diziam isso. Então, convidou-o para conversarem a sós em algum lugar. E começou comentando que, no mundo em que vivia, o meio político, ninguém era confiável, e que isso fazia parte da própria política, na verdade, um jogo de interesses, onde qualquer informação mais contundente ou menos elogiosa poderia ser usada, sem escrúpulos, pelos adversários a fim de denegrir a imagem da oposição. Era sempre assim.

Parou um pouco, sob o olhar firme do irmão, e continuou a conversa;

– Eu gostaria de lhe falar algumas coisas da minha vida e também para o médico. Preciso de algumas respostas e ainda não as encontrei, e talvez me possa esclarecer como médico e me ouvir como irmão.

– Pois me fale, sou "todo ouvidos", como irmão e como médico.

– É que é um assunto que me machuca por demais e não dá para esquecer, mas também não dá para sair falando dele como se fosse uma coisa banal. É um assunto muito dolorido e que não poderia desabafar com qualquer um. Sabe, assim que papai faleceu, nas circunstâncias que todos sabemos, mamãe ficou muito desequilibrada emocionalmente e começou a me pressionar mais ainda do que sempre fez, para atendê-la.

Como você bem deve lembrar, ela queria obrigar-me a seguir a carreira de médico, assim como você a seguiu espontaneamente, pois era a sua vocação. Mas essa não era a minha intenção e nem vocação, e ela não entendia. Sempre gostei de política e nasci para ser político e fazer carreira. Desde que entrei na faculdade, discutíamos esse assunto e cada vez com mais frequência. Até que naquele dia, no último em que fiquei em casa, durante o jantar, e depois ainda por algumas horas, chegamos a um ponto de atrito em que trocamos palavras ásperas e contundentes, o que fez mamãe chorar muito, mas eu não cedi. Era o meu futuro que estava em jogo, a minha vida e eu não podia, só para agradar à nossa mãe, estragar a minha vida toda e, com certeza, tornar-me um péssimo médico. Eu me aborreci tanto, que saí para a rua, louco de raiva e decidido, mais do que nunca, a não ceder à sua vontade de maneira nenhuma e, para isso, precisava tomar uma decisão.

Roberto parou de falar por uns momentos, pensativo, como se recordasse a cena e continuou o desabafo.

– Então, como eu ia dizendo, saí de casa naquela noite, ruminando a minha raiva, misturada à incompreensão da minha mãe, e fui ao encontro de Adalgisa, a filha de Anita, provável amante de papai, como se falou muito na época da tragédia. Já nos encontrávamos costumeiramente e pretendíamos nos casar, mas sabíamos que nossas famílias seriam contra, sabe... aquele negócio de *status* social. Por isso, guardávamos o nosso segredo ao máximo e iríamos esperar a hora certa, para revelá-lo e assumir, desse no que desse. Você sabe o que a impetuosidade da juventude faz. Mas eu sabia que, antes disso, eu teria que ter condições de nos sustentar, pelo menos ter um emprego razoável, o que só conseguiria depois de formado em Direito, como fiz. Até porque, sempre fomos sustentados, enquanto estudávamos, e isso complicou um pouco no começo. Mas não me dei por vencido e, quando me formei, procurei um escritório grande e consegui o emprego usando o nome do vovô Lazaro como referência e, paralelamente, fui galgando degraus na política, e cheguei até a cadeira de deputado federal, onde estou agora, mas meu plano é continuar...

Parou de falar por mais uns momentos, sempre pensativo, absorto e, em seguida, continuou sem ser interrompido pelo irmão, que o ouvia atentamente.

– Mas como ia lhe dizendo, naquele dia, eu e Adalgisa conversamos muito sobre o nosso futuro até quase o amanhecer e combinamos pegar o ônibus na noite seguinte e irmos embora, sem chamar a atenção de ninguém. E fomos, assim como combinamos: dois jovens fugitivos, recomeçar uma nova vida, cheia de planos e sonhos como todo casal apaixonado.

Eu deixei o bilhete para mamãe, como você sabe, lhe informando que iria estudar em outra cidade, que depois passaria um telefone para contato, e saí sem me despedir pessoalmente dela e de você, o que me causou muito arrependimento durante anos. Ainda bem que você me chamou porque, mesmo falando com ela por telefone, pedindo-lhe perdão mil vezes, e ela já ter-me perdoado, eu queria olhá-la nos olhos e pedir o seu perdão pelo tanto de sofrimento que a fiz passar. Ela não merecia isso da minha parte, mas era a minha vida que estava na pauta da decisão. Eu não me perdoo nunca pelo sofrimento que lhe causei, mas lhe causaria mais dor ainda se ela soubesse o que vou lhe contar.

Parou de falar novamente enquanto tirava do bolso um lenço, imaculadamente branco, com um delicado monograma de suas iniciais, para enxugar as lágrimas que não conseguia mais segurar. E, em prantos, continuou:

– Logo depois que me formei na faculdade, mudamos para o interior de Minas Gerais, onde fui contratado para trabalhar num grande escritório. Adalgisa estava grávida e estávamos vivendo num mar de felicidade à espera de nosso primeiro filho, e aí é que entra a parte médica. Tivemos um filho que mais parecia um casulo, com os bracinhos colados ao corpo e as perninhas esticadas, numa má formação muito estranha. Os médicos nem deixaram Adalgisa ver o bebê, dizendo que tinha nascido morto, mas não foi assim. Ele ainda sobreviveu por pouco tempo e ficou no hospital para estudos, palavras do médico, quando me mostrou o meu filho, se é que posso chamá-lo assim.

Neste momento, Roberto caiu num pranto doloroso e amargo, causando uma emoção sincera no irmão, que o abraçou junto ao peito, confortando-o, imaginando o quanto o irmão havia sofrido longe dele e da mãe.

– Obrigado pelo conforto, Ricardo, mas a tragédia não acabou ainda. Adalgisa não se conformou de estar anestesiada e não ver o filho amado, que ela pensa até hoje ter nascido normal, apenas sem vida, e continuou querendo sentir a alegria de uma maternidade feliz. Passados alguns meses, ela engravidou novamente e ficamos felizes, pois assim esqueceríamos o triste episódio, mas sete meses depois, entramos na loucura do sofrimento novamente. Adalgisa teve dois bebês bem pequenos, na verdade, duas meninas bem pequeninas, presas pelo abdome. Eram gêmeas siamesas. Foi mais uma decepção, uma realidade insuportável para nós dois. Não podíamos ficar com as meninas que, desta vez, Adalgisa conheceu, mas concordou que não conseguiríamos criá-las, devido à fragilidade delas e dos procedimentos médicos que necessitariam constantemente, e para a vida toda, durasse o tempo que fosse. Então, decidimos, junto aos médicos, deixá-la no hospital para que tentassem separá-las com uma cirurgia, logo que isso fosse possível. Porém, elas só duraram uma semana e nem chegaram a passar pela cirurgia. Assim, nos despedimos de nossas filhinhas, eu, pela segunda experiência, e fomos embora daquela da cidade, indo nos estabelecer em Goiás. Precisávamos mudar e deixar para trás essa triste experiência.

Roberto, então, parou de falar e fitou fixamente um ponto qualquer, caindo em prantos novamente, fazendo com que seu irmão providenciasse um copo com água para acalmá-lo.

Depois de um tempo, respirando mais calmamente, continuou a sua triste narrativa.

– Como eu dizia a você, para diminuir nosso

sofrimento, mudamos de cidade e de estado novamente. Como já haviam iniciado a construção da nova Capital Federal no Estado de Goiás, resolvi mudar para Goiânia, e lá ainda estamos morando, como você sabe. Então, permita-me fazer a pergunta que não quer calar, ao médico: por que aconteceu isso conosco? Responda-me, por favor, pois essa dúvida me tira o sono há anos e não consigo resposta para ela.

Antes de responder ao seu irmão, Ricardo olhou com compaixão para aquele homem diante dele, que em nada se parecia com um político confiante e seguro de si, fazendo discursos e concorrendo a eleições, mas, sim, com um menino fragilizado pela dor e pela angústia, ali prostrado diante dele.

– Sabe, meu irmão, existem coisas que acontecem e a Medicina não explica ou, muitas vezes, nos dá várias explicações, ou melhor falando, os cientistas abrem várias possibilidades para o mesmo caso. Por isso, uma das possibilidades em que talvez você e sua mulher não pensaram, mas que é a mais provável, por mais chocante que possa ser, é que vocês dois são meio-irmãos, filhos do nosso pai, do mesmo pai com mulheres diferentes. Nunca pensaram nisso?

– Você ficou maluco? Como eu viveria com a minha própria irmã?

– É claro que agiram sem ter conhecimento disso, mas você se esqueceu dos boatos ou verdades, não sabemos direito, de que papai era amante de Anita? Era comentário geral na época do acontecimento trágico que levou os dois à morte. Então, por que Adalgisa não poderia ser nossa irmã?

– Mas nós saberíamos, não? Ou não? Eu nunca a veria como minha irmã, eu não posso, eu a amo, nós nos amamos...

– O que ocorre é que muitos irmãos, sem saberem que o são, se amam, casam e têm filhos, que infelizmente vêm com todo o tipo de anomalias genéticas, como parece ser o caso de vocês...

– Mas e agora, o que eu faço? O que nós fazemos?

– Já que não temos certeza, podem pelo menos evitar terem filhos, pois provavelmente nascerão com deformidades, já que tiveram essas experiências que acabou de me contar. Eu, como médico, não os aconselho a gerarem mais filhos.

– Não faço nem ideia de como Adalgisa reagirá a essas informações, nós nos amamos muito e queremos tanto um filho nosso, fruto do nosso amor...

– Devem ser "almas afins", na verdade, o termo correto é "Espíritos simpáticos".

– Espíritos simpáticos? Que assunto é esse?

– Estou estudando, na verdade, começando ainda, a estudar a Doutrina Espírita e estou lendo *O Livro dos Espíritos*, de um renomado pedagogo francês, que usa o pseudônimo de Allan Kardec e estou achando bem interessante. Como médico, tenho encontrado explicações para muitas dúvidas e vejo muita lógica diante de problemas de alguns pacientes.

– Vou anotar o nome e talvez algum dia eu procure esse livro para ler, afinal, em política, precisamos estar informados de tudo e sobre tudo, ou deveríamos, pelo menos.

Os dois, então, espontaneamente se abraçaram e ficaram com os olhos marejados de lágrimas, de renovado amor fraterno. Ficaram mais um tempo ali, trocando amenidades do cotidiano e Roberto, refeito das fortes emoções, agradeceu a compreensão e o carinho do irmão e levantou-se para sair.

– Por favor, escreva-me contando as novidades, para não perdermos o contato um com outro, por tanto tempo novamente. Também não sou pai, mas assim é a vida.

– Escreverei, sim. E obrigado pelo ombro amigo. Tinha-me esquecido de como é bom ter um irmão e poder contar com ele, falar de coisas que não podemos falar com qualquer um que faça parte da nossa convivência.

Pouco tempo depois, o Dr. Ricardo recebia uma carta do irmão, contando que ele e Adalgisa adotaram um menino de cinco anos de idade, que lhe deram o nome de Antônio, e que se encontravam muito felizes.

capítulo 7

(ANO 2010)

Observando para aprender

O SALÃO JÁ ESTAVA BEM CHEIO E AGITADO QUANDO o grupo de bem vestidas e voluntariosas mulheres adentrou no ambiente, fazendo silenciar o burburinho por breve momento para, em seguida, ecoar aplausos das centenas de pessoas, na maioria mulheres, sentadas na plateia.

Enquanto o grupo se colocava em cadeiras atrás de comprida mesa, coberta com tecido branco e ornamentada ao centro com um enorme e longo arranjo de rosas vermelhas, um pequeno grupo de Espíritos apreciava o movimento do Alto. Observavam dali e faziam anotações, sem deixarem de sentir incrível sensação de desconforto, não só pelo assunto a ser discutido ali, mas até por conta da decoração da mesa, que causava uma estranha impressão visual. Do lugar de onde se posicionaram, logo acima do pequeno palco, ao observarem a cena, a visão era a de sangue derramado sobre lençol branco, talvez por causa do assunto a ser tratado naquela palestra, que corria cidades, angariando, principalmente, assinaturas de adeptos da ideia da liberação da lei do aborto.

Era um mal-estar profundo, que passavam por alguns momentos, os bondosos Espíritos que observavam aquelas mulheres de aparência tão distinta, mas de coração empedernido e avesso à maternidade consciente, e principalmente às Leis de Deus, sem falar na sintonia totalmente inversa aos seus sentimentos.

Por conta disso, o mentor do grupo convocou todos a entrarem em sintonia com as esferas superiores formando, assim, um campo de força positivo ao redor, para poderem estudar, sem sofrerem a interferência desequilibrada daquele ambiente.

A senhora baixinha, que se colocou numa das laterais da longa mesa, tomou do microfone e abriu solenemente a sessão, apresentando o grupo de mulheres que, com ela, faziam parte do comitê, dando destaque especial para a mulher de vestido verde-escuro, provocando aplausos, novamente, à menção do nome da convidada de honra para aquele evento. A visitante nada mais era do que a representante de entidade internacionalmente conhecida a favor do aborto. A doutora Salomé A. era emérita cientista que, infelizmente, defendia publicamente e até representava internacionalmente o direito da mulher de "fazer o que quisesse com o seu próprio corpo", ou seja, uma feroz defensora do aborto.

– Qual será o nosso papel diante dessa situação? – perguntou um dos homens do grupo de Espíritos que ali se encontrava, numa aula demonstrativa dos comportamentos humanos, encarnados, conflitantes com o que se propuseram ao reencarnar.

– Lembremo-nos das lições bem claras de *O Livro dos Espíritos,* nas questões 357 e 358.

Questão 357. *Quais são, para o Espírito, as consequências do aborto?*

Resposta: *É uma existência nula a recomeçar.*

Questão 358. *O abortamento voluntário é um crime, qualquer que seja a época da concepção?*

Resposta: *Existe sempre crime quando transgredis a lei de Deus. A mãe, ou qualquer pessoa, cometerá sempre crime tirando a vida à criança antes de nascer, porque está impedindo, à alma, de suportar as provas das quais o corpo deveria ser o instrumento.*

– E o que podemos fazer? Temos o direito de interagir no que estão, pode-se dizer assim, tramando?

– Até poderíamos, mas não temos esse direito, pois não podemos interferir no livre-arbítrio delas, mas podemos orar e Deus saberá como contê-las nas suas interferências, principalmente nas atitudes alheias, e depois, vocês precisam entender que só aceitam fazer aborto aquelas que compactuam com as mesmas ideias, aquelas mulheres irresponsáveis e que ignoram as leis de Deus no que ela tem de mais profundo. Uma mulher, mesmo ainda inconsciente da maternidade, sabe, desde o momento em que sai da infância e se torna adulta, ser mulher em suas diversas modalidades, seja na vaidade natural, seja na conquista do homem ou no cuidar da sua cria, pois isto faz parte da natureza maior, que é a de se embelezar para conquistar o homem que lhe proporcionará a gestação de filhos. Isto é da lei da natureza para garantir a perpetuação da espécie e relembrada por Jesus no "crescei e multiplicai-vos". A mulher sabe por instinto a hora de ser mãe, de ser irmã, de ser enfermeira, tudo isso está na natureza feminina.

Porém, se levada por suas convicções, a mulher não quer gerar filhos, ela deve ser respeitada no uso do seu livre-arbítrio. O que não tem é o direito de matar a semente da vida que germina em seu corpo e no de outras mulheres; ser assassina de seu próprio filho ou do de outras mulheres e nem induzir, de alguma forma, outra mulher a tomar essa atitude. Ninguém tem o direito de tirar a vida que não lhe pertence, por mais que usem o argumento de que cada uma é dona do seu corpo. Mas e do corpo em gestação, quem é o dono? Já que somos indivíduos, o feto é um indivíduo também e, como tal, dono de seu corpo, e nos diz a lógica, tem direito à vida também. No mundo atual, com toda a tecnologia avançando a passos largos, o tempo todo, existem muitas maneiras de se evitar filhos, com muita informação sobre o assunto. Então, por que as mulheres se permitem engravidar e depois assassinar seus filhos? Isso só demonstra, por parte dessas mulheres, a irresponsabilidade dos seus atos e a total ignorância das leis Divinas.

– Mas se uma mulher não faz um filho sozinha, por que a culpa maior recai sempre sobre elas?

– Na verdade, não estamos aqui para julgar ninguém, mas para analisar os comportamentos humanos e tirarmos uma lição proveitosa para as nossas aulas. Para observar tudo, em todos os detalhes, a fim de nos prepararmos para uma nova encarnação, com objetivos definidos, principalmente de liderança em núcleos de desenvolvimento atrasado, no campo sócio-espiritual.

Ninguém está condenando as mulheres desajustadas, estamos, sim, lamentando que não se valorizem como mulheres, seres humanos agraciados com o privilégio da maternidade. Já pensaram no que isso quer dizer, realmente? Que esses seres da classe feminina estão aptos, em princípio, é claro, para gerar outra vida, para gerar um corpo com todas as suas funções, que aconchegará, em seu íntimo, a centelha divina, porque precisamos reencarnar e continuar nossa evolução. Se observarmos melhor e mais atentamente, é emocionante ver a beleza divina num corpo de mulher, gerando dentro de si uma vida completa, nos mínimos detalhes e necessidades. Dela nasce um indivíduo totalmente diferente da sua essência, como ser, como pessoa. Ela constrói um corpo com todas as características, mas a personalidade que habita esse corpo é totalmente diferente e sempre uma incógnita, que só será desvendada e conhecida, com o passar dos anos. Daí, a observação de que, numa mesma família, nascem, da mesma mãe e do mesmo pai, vários filhos que recebem as mesmas informações e educação, mas permanecendo sempre a individualidade e as características de cada um. Que, mesmo sendo mulher, constroem dentro delas um ser masculino com todas as suas características físicas, sem falar no psiquismo, que proporciona, em princípio, um temperamento oposto ao feminino. Sem o importante comprometimento das mulheres na reprodução humana, seríamos um corpo sem vibração, como algo feito numa fábrica ou laboratório, sem laço afetivo nenhum, aquele só transmitido pelas mães, que é imprescindível na formação e no equilíbrio emocional do indivíduo.

Cada vez que uma mulher interfere, com a sua decisão em expulsar a semente da vida do seu ventre, ela estará interferindo em, pelo menos, uma centena de anos na evolução de um grupo que foi programado para nascer, conviver, partilhar e evoluir, tudo isso no exercício do perdão, da tolerância e do resgate de comprometimentos assumidos. Precisamos enxergar um pouco mais adiante, olhar além do horizonte da Terra. Se, todos nós, observarmos e procurarmos entender as leis do Universo, iremos perceber que nenhum homem está isento disso tudo, desse mecanismo Divino, do qual fazemos parte.

Todas as coisas e situações que vivemos são planejadas com bastante antecedência, envolvendo, pelo menos para começar, dois seres capazes de perpetuar a espécie e assumir a responsabilidade de educar e ajudar na evolução do ser que geraram para o mundo. A multiplicação vai se realizando naturalmente com o comprometimento de outros casais com os mesmos propósitos, que é o de contribuir para a evolução de todos e, assim, vamos nos envolvendo uns com os outros infinitamente, mas sempre com o nobre propósito, ou pelo menos, é como assumimos antes de reencarnar.

O pequeno grupo permaneceu em silêncio, meditando sobre os ensinamentos e ficaram ouvindo as últimas palavras recheadas de argumentos fúteis da mulher de verde, representante na Terra de triste figura.

Nesse momento, outra salva de palmas deu por encerrado o discurso da oradora, que nem se dava conta da nuvem vibratória negativa que a envolvia, e de Espíritos do mal que a acompanhavam e ali permaneciam em eufórica observação, emanando fluidos escuros e viscosos em sua mente, intuindo-a como falar e convencer a plateia.

Acompanhando as palmas frenéticas, apupos e gritinhos histéricos para aquilo que a convidada especial havia falado e argumentado, uma falange de Espíritos, totalmente deformados em suas formas vibratórias, estava misturada à plateia. Eles também aplaudiam e faziam gestos obscenos, sem serem vistos e nem percebidos.

– Infelizmente, por todos os lados se veem pessoas, que lideram opiniões sociais, se dizerem favoráveis ao procedimento do aborto. Mal sabem elas as circunstâncias que envolvem essas criaturas infelizes e a responsabilidade, como Espíritos eternos e compromissados, por seduzirem tantas pessoas, levadas pela ignorância das consequências, a optarem por essa decisão.

Dito isso, enquanto as mulheres se cumprimentavam efusivamente, o grupo de Espíritos do bem, liderado pelo instrutor espiritual, retirava-se do aposento, sem ser percebido pelos encarnados e nem pelos desencarnados. Assim como chegaram, se foram, ignorados pelas criaturas ali reunidas.

Em outro lugar, na mesma cidade, outro grupo semelhante, de mulheres fortes e guerreiras, convictas de seus ideais, se reunia com outro propósito, na verdade um propósito oposto, o de lutar pela vida, o de batalhar contra o aborto. Contra os aborteiros.

O salão estava repleto, com um leve perfume pairando no ar e uma alegria contagiante nos semblantes dos que se confraternizavam discretamente.

Uma mesa semicircular se destacava no meio do salão, decorada com singelas flores do campo, em cores pálidas.

Logo após os cumprimentos feitos pela anfitriã à plateia, o que causou imediato silêncio, a senhora esguia, vestida com discreta elegância, passou a apresentar as cinco pessoas que faziam parte da mesa, entre elas, um senhor, médico que faria uma rápida exposição científica, utilizando-se da apresentação de imagens em transparências, reafirmando que a vida começa a partir do momento da fecundação, além do depoimento da principal convidada, a senhora Dionísia, que fazia pelo país um trabalho intenso de conscientização.

Quando ela se levantou e tomou do microfone

para falar, o silêncio na sala se tornou quase palpável. Em seguida, deu início de uma maneira bem peculiar de expor o seu trabalho:

– Inicio esta reunião, de que muito me honra participar, dizendo SIM!!! Isto porque imagino que algumas de vocês, talvez a maioria, esteja se perguntando:

– Será que ela, ou seja, eu mesma, já abortou alguma vez? E eu respondo a vocês que SIM! E não me orgulho nem um pouco do que fiz. Sem querer me justificar, posso lhes dizer que o fiz antes dos trinta anos, no auge da minha ignorância das coisas do Espírito. Pensava, como muitas, que a vida começava no nascimento e que estava apenas retirando de dentro de mim "um pedacinho de carne", "um sangue parado", "uma bolinha de carne que não é gente ainda" e, por aí, uma infinidade de expressões que se usam para denominar o aborto, na intenção de minimizar e justificar o ato. Eu fui uma mulher extremamente vaidosa, ciumenta, apaixonada por um homem e, acima de tudo, acreditava que tinha encontrado o amor verdadeiro. E não media atitudes e nem consequências para "segurar" aquele homem. Entendia que ser mãe seria deformar o corpo e despender o tempo todo com os filhos, deixando de lado a mulher que eu era e, por consequência, o meu homem. E assim, vivendo na ignorância e mergulhada em futilidades, cometi dois abortos de quarenta dias, sem qualquer arrependimento na época, pois não sabia o que estava fazendo. E a vida foi-me levando feliz, envolvida com os cuidados do corpo, entre massagens e tratamentos que me tomavam a maior parte do dia. E o ciúme foi-se intensificando e a pressão que fazia para controlar o meu marido foi-se tornando uma obsessão. Isso é uma das piores coisas que pode acontecer a um casal e isso serve para os dois.

Quando nos deixamos levar pela obsessão, procuramos, de todas as formas, dominar um ao outro, e acabamos matando o sentimento. Pois bem, certo dia, entramos em discussão acirrada e ele, sufocado pelo meu ciúme, me disse que ia embora e que me deixaria para sempre, por não suportar mais aquela vida. Eu, enlouquecida e cega de desespero, golpeei-o no peito com a tesoura que estava sobre a mesa e o feri gravemente. Quase o levei à morte. A nossa sorte foi que os vizinhos, ouvindo a discussão, tinham chamado a polícia, que chegou a tempo de socorrê-lo. Quando ele se recuperou, ainda teve a delicadeza de me enviar um recado : "Agora você me perdeu para sempre."

Saiu da cidade e foi morar muito longe, para nunca mais cruzar o meu caminho. Entrei em depressão profunda, tentei o suicídio, e assim fiquei por um tempo enorme. Não mais sentia vontade de viver, até que uma pessoa, que morava em meu prédio, me fez uma visita, convidando-me a conhecer uma casa espírita. No começo, eu fui apenas para agradar ao casal de amigos, depois fui para me distrair e sair um pouco de casa e, finalmente, fui acordando para a realidade. Então, retomei o meu caminho, a minha vida, e comecei a compreender o que até ali não tinha tido conhecimento: como respeitar o meu semelhante e a vida, ainda no útero. Levei um choque quando me dei conta da minha realidade e do que havia feito em nome da vaidade e de ambições fúteis.

Compreendi a gravidade da minha ação e da minha atitude perante a vida até aquele momento.

Também vim a saber que aquele Espírito que eu impedi de reencarnar por duas vezes, pois havia sido o mesmo Espírito tentando novamente, foi um amigo de outras vidas a quem eu devia favores em momentos de grande dificuldade. A quem eu havia me comprometido em aceitar como filho para que ele cumprisse uma tarefa, em continuidade a um propósito anterior de longa data. Daí que, ao negar-lhe um corpo, eu simplesmente interrompi uma vida material e a ajuda inicial como mãe, companheira e instrutora no início de uma nova encarnação, desviando todo um programa reencarnatório em andamento, que envolvia também outros Espíritos necessitados, que fariam parte desse núcleo. Porém estes, ainda profundamente mergulhados em ódio e vingança, precisariam de mais atenção de minha parte como mãe. Temos que observar que as atitudes que tomamos, fazendo uso do nosso livre-arbítrio, sejam lá por quais motivos tenhamos como justificativa, podem causar mudanças radicais e uma desprogramação reencarnatória. E foi um desses Espíritos, a quem neguei a vinda na Terra, que me deu a intuição para usar a tesoura, pois eu já havia entrado em desequilíbrio emocional. Com a minha falta de equilíbrio e a fé em Deus, abri a guarda dos meus freios sociais, me envolvendo na raiva, no ódio e na vingança também. Tudo com sentimentos mesquinhos de quem não tem por objetivo a própria evolução espiritual e a noção da vida além da matéria, alguém que vive apenas em função de futilidades. Esse Espírito precisava reencarnar e, banhado em ódio, se vingou da minha atitude e me separou do meu amor. E sabem do que mais? Hoje, meu ex-marido mora numa pequena cidade, é casado com uma mulher comum, sem vaidades, e estão cheios de filhos e muito felizes. Daí, vejam só vocês: estou aqui dando o meu depoimento de que a vaidade, a beleza, o cargo, a posição social, não valem uma vida. Tudo passa: a beleza, o trabalho, a posição social, mas a vida não. Ela evolui diante dos nossos olhos. Tudo se renova e tudo se refaz. Precisamos aceitar a gravidez como uma coisa maravilhosa e natural e, principalmente, entender a importância que é formar um corpo para um Espírito dar continuidade ao seu programa evolutivo e oferecer as melhores condições para aquele que reencarna através de nós, mulheres. Devemos observar suas tendências boas e más, procurando educar aquele ser que foi colocado em nossas mãos, em nosso colo e que, até um certo tempo, é de nossa responsabilidade. Uma responsabilidade que nos transforma em um ser especial. Sejamos, então, responsáveis, e, se porventura, mesmo tomando todas as precauções, ocorrer-nos a gravidez, que abençoemos esse filho e o deixemos vir.

Aproveitem para repensar seus valores com respeito à vida. E para aquelas que, como eu, se enganaram na escolha de procedimento, sigam em frente e não tornem a cometer o mesmo erro. Obrigada pela atenção.

O auditório explodiu em aplausos, compreendendo que ninguém estava ali para julgar os enganos de cada mulher, mas ensinar, com exemplos de vida, como reavaliar conceitos e refazer programas de vida, construindo um novo futuro.

capítulo 8

As aflições da Irmã Magda

Aflita, a Irmã Magda, uma religiosa de trinta e poucos anos, entrou na sacristia aos gritos, chamando pelo padre Romeu que, naquele momento, estudava as escrituras sagradas para escrever o sermão do próximo domingo.

– Padre Romeu, padre Romeu! Socorra-me, por misericórdia! Estou sendo perseguida por criaturas horrendas que ameaçam me matar e me jogar no fogo do inferno. Não consigo mais dormir e, agora, nem consigo rezar. Os demônios estão me perseguindo! Socorra-me, pelo amor de Nosso Senhor Jesus Cristo. Eu fui orar na capela e, de repente, vi imagens monstruosas ao meu lado, gargalhando e me dizendo coisas que não entendo. Depois, fui para minha cela e eles foram todos atrás de mim, sempre gargalhando e me ameaçando. Não tenho mais paz. Ajude-me, padre Romeu, estou enlouquecendo! Por favor, me ajude! O demônio quer me levar com ele! Salve-me, por Deus, salve-me!

– O que está dizendo, Irmã? Que criaturas são essas? Acalme-se, por favor, a senhora está delirando... Está doente?

– Não, padre, são criaturas monstruosas e estão por toda parte. Não consigo me esconder delas. Aonde eu vou, lá estão, me espreitando e me chamando para ir com elas. Até dentro da capela me espiam, por detrás dos santos e das colunas.

– Sente-se, Irmã, e vá respirando fundo e pausadamente, que eu vou pegar um copo d'água com açúcar para a senhora beber. Quando se acalmar, conte-me o que ouve porque, por enquanto, não consegui entender direito sobre o que está me falando.

Padre Romeu saiu e voltou logo depois, ainda mexendo vigorosamente uma colher num copo d'água com mais de um centímetro de açúcar, se desmanchando, num redemoinho. Ofereceu a água açucarada à mulher aflita, enquanto seus pensamentos corriam de uma pergunta para outra, intrigadíssimo com aquela situação inusitada, vindo de quem vinha: uma religiosa praticante.

Enquanto a mulher tomava a água, com ar desconfiado, sempre olhando à sua volta, pronta para correr a qualquer barulho ou acontecimento, o padre Romeu, acostumado à prática do exorcismo, começou uma mentalização fervorosa pedindo, a Deus e aos santos, a ajuda necessária, pois já previa o que viria pela frente. Parecia um caso clássico de obsessão pelo demônio, pelo Espírito das trevas. Parecido com um caso que ele atendera com êxito, envolvendo dona Dalmira, a esposa do barbeiro, o senhor João. Sim, era um caso muito parecido, no qual ela também, de repente, fora tomada de susto e de visões escabrosas...

Pensava o que fazer, enquanto aguardava a Irmã se acalmar para lhe contar mais detalhes sobre o ocorrido.

Quando a Irmã readquiriu o autocontrole, e a

respiração ficou mais lenta, ele a convidou, primeiramente, a orar o "terço" com ele, fazendo-a repetir palavra por palavra, calmamente, até ela voltar totalmente ao normal, sem ofegar e até conseguir esboçar um sorriso calmo e tímido, cheio de confiança no sacerdote à sua frente.

Ele segurava com firmeza um Evangelho na mão esquerda e, com a outra, um crucifixo grande, cruzando-o várias vezes no ar diante dela, enquanto a benzia, em confiante e sincero pedido ao Pai celestial, para ajudar aquela irmã, em lastimável momento de sofrimento e desespero.

Pedia com fervor que olhasse por aquela ovelha do seu rebanho, com total compaixão, e que, naquele momento se sentia ameaçada pelo desconhecido que a amedrontava. Que afastasse aquele tormento das trevas e a liberasse para o convívio dos anjos e santos, conseguindo, assim, a paz celestial. Juntos e por um longo tempo, oraram repetidamente até completar todas as contas representativas do pedido, no ofício da oração da fé que professavam.

Em seguida, recomendou-lhe muitas orações e que procurasse um médico para se tratar da parte emocional, talvez um tratamento para o estresse ou, quem sabe, algum remédio específico... Mas principalmente, que tivesse muita fé e o pensamento em Deus o tempo todo, não permitindo que imagens ruins povoassem a sua mente. E assim, despediu-a, recomendando que voltasse novamente no dia seguinte para orarem juntos contra os Espíritos do mal. E não só no dia seguinte, mas por todo o tempo em que o tratamento fosse necessário, até que a trouxesse ao seu estado normal, sem angústias e pesadelos.

Muito mais calma e até com um pouquinho mais de autoconfiança e paz de espírito, a Irmã Magda voltou para onde morava, que não era muito longe daquela igreja, no "Orfanato da Misericórdia de Jesus Menino", reafirmando, em seu pensamento, enquanto caminhava, que voltaria ali, sim, para orar com o padre Romeu, para nunca mais passar pela desagradável experiência por que passou.

Ao relembrar, benzeu-se novamente em cruz, diante do peito.

Padre Romeu era um bom homem e um sacerdote convicto de suas responsabilidades perante a Igreja e seus ensinamentos. Apesar de muito fiel a seus princípios e à religião que professava, costumava ler tudo sobre o fenômeno mediúnico, por conta de tantos casos de obsessão que era levado a tratar na sua sacristia. E justamente, naquele momento, lia *O Livro dos Médiuns,* de autoria de Allan Kardec, às escondidas, é claro, tentando encontrar respostas para certos fenômenos que ocorriam no trato com seu rebanho.

No dia seguinte, no final da tarde, padre Romeu orava, de joelhos, diante da delicada imagem adornada de flores miúdas, num pequeno oratório, a um canto da sala quando, bem mais calma, porém ainda um tanto ressabiada, entrou na sacristia a Irmã Magda, pessoa muito religiosa, que ofertara sua alma a Deus, desde muito jovem. Enquanto fazia o sinal da cruz sobre o peito e completava, tocando os lábios, ele se ergueu rapidamente e, em seguida, dirigiu o mesmo movimento de cruzar o ar com as mãos, em direção à religiosa que se aproximava.

– Olá, Irmã, que Deus a abençoe. Como se sente hoje, dormiu bem?

– Sua bênção. Ah, padre Romeu, não sei o que me aconteceu ontem. Depois que saí daqui, graças a

Deus, em primeiro lugar e ao senhor, eu fui me acalmando. Mesmo assim, não consegui dormir muito bem, tendo muitos sonhos ruins, dos quais não me lembro, mas que me davam angústia e também um sono muito agitado. Posso dizer que melhorei, mas não posso negar que ainda me assalta o medo de que aconteçam "aquelas coisas" novamente...

– Que notícia boa, Irmã... Então, sente-se e conte-me como tudo começou. Foi aos poucos ou de repente?

– Eu nem sei... Pensando bem, eu já andava meio nervosa, sem motivo aparente, e sentia, às vezes, uma angústia dentro do peito, uma aflição sem motivo, mas parece que o pior mesmo foi logo depois que eu entreguei o papelão. Foi aí que tudo piorou e eu enlouqueci de vez.

– Que papelão?

– Foi assim: eu estava lá no orfanato, trabalhando no pátio, quando vi as caixas de papelão num canto para serem desmontadas e amarradas em fardos como sempre fazemos, então...

E a Irmã foi contando detalhadamente como tudo acontecera naquela manhã.

capítulo 9

A catadora de papelão

Não muito longe dali, totalmente alheia ao que se passava na sacristia da enorme igreja, uma voz suave, de timbre firme, se destacava no meio do barulho, naquele fim de tarde, quando pessoas cansadas, aflitas e apressadas, fechadas em seus carros de vidros escurecidos, congestionavam cada vez mais o trânsito, enquanto centenas de pedestres irritados xingavam-se mentalmente, uns aos outros, no emaranhado que se fazia naquele pedaço da cidade.

A música escolhida pela cantora improvisada

falava de amor e de doces recordações. Com habilidade e destreza, ela conduzia sua carroça cheia de papelão arrecadado pelos quatro cantos da cidade, que já ultrapassava, em altura, a sua baixa e frágil estatura.

Frágil só na aparência mesmo, pois um bom observador conseguia ver uma criatura decidida a lutar pela vida a qualquer preço. Com muita disposição, sem parar de cantar, ela conduzia o veículo, um tipo de carroça, improvisada com pedaços de madeira trançada, tendo como base uma porta desbotada e gasta. Entremeando o trançado de madeira, inúmeras flores de plástico envelhecidas e desbotadas como ela própria, sacudiam-se trepidantes, parecendo acompanhar o ritmo da música.

A poucos passos, seu companheiro, com outro veículo, decorado com calotas de todos os modelos, sobre estrutura semelhante ao dela, carregava também uma montanha de papelão. Ambos percorriam o mesmo caminho, ora um ia à frente, ora o outro, sempre acompanhados de seus dois fiéis companheiros de quatro patas, de raça indefinida, saltitantes e alegres.

Eles se encaminhavam rapidamente para um ponto da cidade onde era comercializado o material para reciclagem, a fim de venderem todo o papelão arrecadado.

Era final de tarde, e o estômago vazio e os membros cansados pediam uma parada e um pouco de comida, antes de se jogarem sobre restos de colchões malcheirosos, guardados num canto, embaixo de um viaduto.

Assim vivia aquele casal de idade imprecisa. Eles mais pareciam trapos humanos, perambulando no meio da multidão, alheia a tudo que não pertencesse ao seu próprio universo.

Já anoitecera quando chegaram finalmente embaixo do viaduto, onde se encontravam dormindo outras criaturas, sofridas como eles, enroladas em pedaços de pano, com o estômago vazio de alimentos e a mente anestesiada de bebida alcoólica. Era triste ver aquelas criaturas, nossos irmãos, sobreviverem naquelas condições.

Depois de comerem um salgado frio e engordurado, juntamente com um refrigerante barato, jogaram-se sobre a improvisada cama, enrolando-se, também, em trapos de cobertores ralos e rotos, ao lado dos outros que nem se deram conta da presença deles.

Cansados de um longo e pesado dia de trabalho, dormiram imediatamente, como se tivessem sido também anestesiados, ignorando o interminável barulho dos carros que transitavam pela ponte de concreto e aço, sobre as suas cabeças.

Essa era a rotina, desde que saíram lá do sertão para tentarem a vida na cidade grande, história de muitos que vivem ou sobrevivem nas grandes metrópoles.

capítulo 10

Voltando à sacristia

Padre Romeu ouvia atentamente as palavras da Irmã Magda contando como tudo começou...

Enquanto ela falava, retorcia as mãos pequenas e delicadas, como uma criança amedrontada diante do velho sacerdote.

– Foi assim: nós havíamos ganhado várias caixas grandes de papelão, cheias de roupas, calçados e alimentos, como doação para as nossas crianças. Sabe como é, padre Romeu, no final do ano, quando o Natal se aproxima, as pessoas começam a se lembrar dos necessitados...

– É, mas não podemos julgá-los, Irmã Magda. Veja pelo lado bom que, pelo menos uma vez por ano, com sinceridade ou automatismo, as pessoas procuram ajudar os seus semelhantes. Já é um começo para exemplificar os ensinamentos de Jesus.

– Pois é, padre, me desculpe, não estava julgando, só comentando que temos tantas dificuldades o ano todo, que precisamos fazer como as formigas: guardar um pouco para os tempos difíceis.

– Também não deixa de ser um aprendizado, não desperdiçar para prover o amanhã, se for necessário, mas continuemos... Conte-me como tudo começou.

– Sim, como ia lhe dizendo, eu peguei aquele papelão todo, dobrei as caixas, amarrei em fardos e fui colocar na calçada dos fundos do orfanato, para os catadores levarem para a reciclagem, pois eles sempre passam pela manhã. Quando estava empilhando os papelões no chão, levantei a cabeça e vi que ia chegando uma mulher com uma carroça enorme, com papelão pela metade, e eu fiquei muito feliz em poder doar-lhe aqueles fardos de caixas desmontadas. Então, a chamei. Quando ela chegou perto de mim e eu olhei bem no fundo dos seus olhos, levei um choque tão estranho, que até senti um arrepio passar pela minha espinha, como um raio. Logo em seguida, minhas pernas amoleceram e foi dando-me uma aflição no peito, tão intensa, que larguei todo o papelão ao lado dela e entrei correndo. Nem sei como atravessei o pátio que, naquela hora, me pareceu imenso e eu não chegava nunca dentro de casa. Fechei a porta atrás de mim e fui direto até a capela, onde caí de joelhos diante do Santíssimo e orei com desespero, como se uma culpa me tomasse todo o ser, começando a chorar e a soluçar numa dor profunda de estranho arrependimento, que me lacerava o peito. Quando me acalmei um pouco, comecei a ver os vultos e ouvir as gargalhadas de que lhe falei. Eu rolava no chão, tal era minha aflição e meu desespero, quando as Irmãs vieram todas ver o que estava acontecendo e eu não sabia dizer, e até agora não sei explicar o que houve. As Irmãs deram as mãos ao meu redor e formaram uma roda de oração, enquanto a Irmã Cássia foi para a cozinha e me trouxe um chá de ervas calmantes, mas não adiantou muito, pois daquela hora em diante, passei a sentir enorme tristeza, um arrependimento, sem saber de onde vem e, lá bem longe, dentro da minha cabeça, parece que ainda ouço as gargalhadas. Daí é que me dá mais vontade de chorar de arrependimento, nem sei do quê, padre. Então, foi que a Irmã Cássia me mandou ver o senhor, pois ela se lembrou de que o senhor é exorcista.

Parou de falar e persignou-se, assustada.

– Muito interessante a sua história, Irmã. Vamos orar, pois, sem Deus, não somos nada.

E cada um, de posse do seu terço, começou a orar com muita fé em Deus e em Jesus.

Depois de alguns minutos de oração e reflexão, o padre falou:

– A senhora precisa fazer muitas orações, irmã Magda... Vamos continuar orando.

Rezaram novamente juntos, em voz alta, todo o terço e mais algumas orações e, por um momento, ficaram em silêncio, de olhos fechados, imersos na concentração e na fé, enquanto o padre Romeu, em pensamento, solicitava, aos santos e anjos, ajuda para aquela situação, pois que era médium vidente e pôde testemunhar que se tratava de uma falange de irmãos inferiores, tomados pelo desejo de vingança, envoltos numa nuvem negra de energia muito negativa e pesada. Em seguida, abriu a Bíblia, no Sermão da Montanha, e leu a passagem em que Jesus pregava *As Bem-aventuranças,* dando ênfase em "Bem-aventurados os aflitos".

"Bem-aventurados os que choram, porque serão consolados. Bem-aventurados os que têm fome e sede de justiça, porque serão saciados. Bem-aventurados os que sofrem perseguição pela justiça, porque o Reino dos céus é para eles. **(São Mateus, cap. V, v 4, 6 e 10."**

Ficaram em silêncio mais um pouco até que o padre falou, olhando-a bem nos olhos, como se quisesse entender algo mais do que a aparência dos fatos lhe dizia:

– Agora vá, minha filha, continue fazendo

suas orações e tenha fé em Deus para que tudo acabe voltando ao normal, mas precisamos continuar fazendo essas orações todos os dias, neste mesmo horário. Eu estarei aqui para ajudá-la, mas não falte, é um compromisso, entendeu?

– Está bem, padre, eu virei, sim. Já me sinto bem mais fortalecida na minha fé e muito mais calma. Com a sua ajuda, sei que vou conseguir. O "sagrado coração" irá me fortalecer, com certeza.

– Vá em paz, Irmã, e até amanhã, no fim da tarde, não se esqueça!

Enquanto a Irmã saía pela porta, padre Romeu deu meia-volta e se dirigiu para a escada que levava a um pequeno corredor, no andar superior, onde ficava o seu quarto. Pegou no bolso um molho de chaves e escolheu uma, com a qual abriu a porta de um escuro e pesado armário de madeira, de onde retirou alguns livros envelhecidos de tão manuseados e, escolhendo um deles, passou a lê-lo com atenção.

Em suas mãos estava *O Livro dos Médiuns*, de Allan Kardec, e junto deste, com os quais iria continuar sua pesquisa, estavam outros livros espíritas, de autores renomadamente sérios, que versavam também sobre o tema mediunidade.

Por coincidência, ou não, e por força de tantos casos de obsessão com que se deparava, já havia algum tempo, padre Romeu procurou sobre o assunto em todos os livros, aprofundando-se cada vez mais nos estudos transcendentais, querendo entender sobre obsessões, mediunidade, e dos possessos, como se falava na época de Jesus. Já havia perdido a conta dos casos que tratara, ou exorcizado, e, agora, com a ajuda dos livros espíritas, continuaria a se informar melhor e poder resolver o caso da Irmã Magda. A mediunidade que percebia em si, principalmente intuitiva e de vidência, não lhe deixava dúvidas sobre a vida espiritual.

Ele sabia que os espíritas estudavam e pesquisavam constantemente o fenômeno e sabiam lidar com essas situações com naturalidade. E com a leitura e estudo profundo e constante desses livros, ele também compreendia agora que a mediunidade era natural, inerente ao ser humano. Mas o que ele achava muito bom mesmo, é que havia, no mercado livreiro, uma infinidade de obras literárias sobre o tema mediunismo, mediunidade e obsessões, baseadas em estudos sérios feitos por pesquisadores idôneos de várias épocas, embasados sempre nas obras da codificação do Espiritismo, de autoria do mestre e cientista francês, Allan Kardec.

Padre Romeu havia, como dissertado antes, buscado e lido vários livros sobre o assunto e ficava cada vez mais interessado em, principalmente, saber como ajudar esses Espíritos perturbados, encarnados ou desencarnados, que viviam em simbiose com pessoas de todo o tipo e idade, por conta da afinidade e sintonia. Passava horas lendo o Novo Testamento, comparando passagens de Jesus e os endemoniados e possessos, com os fenômenos explicados tão claramente nos livros espíritas, como no *O Evangelho Segundo o Espiritismo,* de Allan Kardec, por exemplo.

Agora, precisava saber o que levara Irmã Magda a sintonizar com os Espíritos obsessores. Sim, porque ele já compreendia o que era um Espírito obsessor e o que acontecia com a Irmã.

Ela era portadora de mediunidade espontânea, não educada, o que lhe possibilitara desencadear todo o processo de obsessão. De alguma forma, eles, os Espíritos obsessores, descobriram-na nesta encarnação e a estavam atormentando.

E todos os dias daquela semana, e muitas das que se seguiram, Irmã Magda compareceu exatamente no horário combinado, onde os dois, juntos, liam e comentavam o Evangelho e, antes e depois, faziam as orações com muita fé e contrição. Indiretamente, ele os doutrinava para o bem e o perdão.

Devagar, e com cuidado, ele aproveitava para conversar e esclarecer sobre as coisas do Espírito com a amiga, que ainda trazia, muito arraigado, o medo do "inferno", e que estava sofrendo tanto, que não podia admitir que o "inferno" que ela aprendera, fosse pior do que o que ela estava sentindo e passando. Assim, entregou-se inteiramente àquela possibilidade de entendimento e cura, confiante no padre, seu conselheiro e, agora, amigo.

Num certo dia, enquanto ela aguardava na sacristia, sentada no seu lugar de costume, ele se encaminhou lá para os fundos da igreja e voltou, trazendo nas mãos um livro*, que abriu em qualquer página diante dela e, juntos, começaram a ler, aleatoriamente, uma pergunta aqui, depois outra, adiante, com as devidas respostas e, cada vez mais, ela foi se interessando pelos assuntos ali escritos, sem que, naquele momento, se lembrasse de perguntar ao padre que livro era aquele.

Era um livro de perguntas e respostas que os levava a divagar sobre o modo de explicar, de maneira tão simples e objetiva, as questões da vida que, para eles, sempre foram ensinadas de forma dogmática.

Era assim que fora-lhes ensinado e assim preferia a maioria, para não ter que "pensar" muito, mas chega uma hora em que vamos ficando aflitos por respostas e explicações, e foi o que aconteceu ao velho padre.

Por outro lado, a partir do conhecimento, somos responsáveis pelos nossos atos. Não podemos errar e, simplesmente, nos justificar, com o argumento de que desconhecíamos as consequências.

**O Livro dos Espíritos,* de Alan Kardec

Ora, se Ele construiu todo o Universo e nos deu inteligência para pensar, por que não podemos entendê-Lo? Por que, então, dar-nos inteligência e raciocínio lógico? Não seria para que pensássemos e analisássemos o que nos rodeia e como tudo funciona? Por que iria nos querer seres totalmente ignorantes? Seria mais lógico deixar-nos como pedras para sempre...

E, com o passar dos dias, a Irmã foi ficando ali por mais tempo, mais à vontade para conversarem e, assim, permanecia mais um pouco, depois das orações, trocando ideias e pensamentos a respeito de vários assuntos, principalmente sobre os de ordem religiosa. Nesses momentos, padre Romeu aproveitava para "abrir" um pouco mais a mente da Irmã Magda, como naquele dia em que resolveu lhe falar sobre os livros espíritas, principalmente sobre *O Livro dos Espíritos*, de Allan Kardec. Tratava-se do livro que, havia alguns dias, vinha lendo para ela, através de perguntas e respostas, sobre as quais ela concordava e até achava lógicas. Mas, como disse antes, não tinha se interessado em saber que livro era aquele e, a bem da verdade, nunca passaria pela cabeça de uma pessoa simples e "temente a Deus", como ela, que fez da religião cega, seu objetivo de vida e sobrevivência, que um padre poderia ler livros que não fossem da Santa Igreja, que professavam.

De repente, num impulso de extrema curiosidade, ela arrebatou o livro de suas mãos e, ao ver o título e do que se tratava, se apavorou e o jogou sobre a mesa, como se tivesse tido contato com uma brasa ardente, chegando a se levantar, trêmula e aflita. E esfregando as mãos, cheia de aversão, com o rosto transfigurado de pavor, gritou em total desequilíbrio emocional:

– Isso é coisa do demônio! *Vade retro,* satanás!

– Não seja boba, minha filha – falou o padre, tranquilamente, porém com voz firme. – Até onde você estudou, tenho certeza de que aprendeu que demônio é uma palavra grega que quer dizer Espírito, e Espírito quer dizer alma, luz divina. Então, acalme-se porque, para ajudá-la, vou precisar de muitos outros recursos que a nossa Igreja não proporciona, mas a nossa fé em Deus e Jesus, sim, e ela permanecerá intacta e ainda mais fortalecida, quanto mais entendermos essas coisas que estão lhe acontecendo, como poderá perceber ao longo de nossos estudos. Sente-se e preste atenção!

Falou com energia, mas com a doçura de quem lida com uma criança.

Obedientemente, sem mostrar qualquer reação de repúdio à autoridade do padre, ela apenas abaixou os olhos, voltando a sentar-se no mesmo lugar onde estava antes, repetindo, algumas vezes, o ato de benzer-se, automaticamente. Em seguida, ainda ofegante, continuou esfregando nervosamente as mãos sobre o colo e, de olhos fechados, passou a ouvir as palavras de *O Evangelho Segundo o Espiritismo*, de Allan Kardec, que o padre lia para ela até que, não resistindo mais, perguntou:

– Credo, padre! O senhor não tem medo de "mexer" com essas coisas de Espíritos?

– Claro que não, minha filha. Senão, como poderia ajudá-la? E você não reconhece aqui o Evangelho de Jesus? O mesmo que nós lemos nas missas?

– Não sei, não estou falando da "palavra de Deus", estou falando desses outros livros que falam de Espiritismo. É que sempre ouço dizer que, quem mexe com "isso", mexe com bruxarias, com o demônio e seus asseclas...

– Não é nada disso, minha irmã, e, veja bem, não podemos ter preconceito com aquilo que nem conhecemos. Baseada em quê, você acha que Espiritismo é bruxaria?

– É que sempre me disseram que os espíritas mexem com bruxarias.

– E por que, então, não procurou ler alguns de seus livros para ver do que ele trata? Pois saiba que eles, os praticantes, só fazem o bem ao próximo, sem esperar nada em troca e, além do mais, só falam em Jesus e seus ensinamentos, assim como nós. Capeta, diabo e demônio são palavras totalmente banidas entre eles. Agora mesmo, estou lendo alguns livros espíritas para entender o que lhe acontece, por que teve esse surto, e o que ocorre realmente com as pessoas que chamamos de "possuídas".

– E o que me acontece? Estou possuída, como

fala o *Novo Testamento*, porque vejo vultos e figuras feias? São os asseclas do demônio? Eu estou endemoniada, padre? Ah, minha Nossa Senhora, Sagrado Coração!!! Valei-me nesta hora! Tenham piedade, por Deus! O senhor já descobriu mais alguma coisa na leitura desses livros?

– Sim, mas não se apavore e nem faça tantas perguntas ao mesmo tempo. Vamos com calma e entenderemos tudo. Não podemos dizer que são demônios e nem seus asseclas, não se considere uma endemoniada, como se falava no tempo de Jesus Cristo. Isso não se usa mais, e eu já descobri alguma coisa, sim... mas...

E padre Romeu ficou em silêncio por um momento, olhando bem nos olhos da Irmã Magda, observando se ela "aguentaria" tantas explicações naquela hora. Então, continuou:

– Sabe, Irmã, eu não vou conseguir lhe explicar tudo de uma vez, mas podemos começar por aqui, por onde a senhora já tem algum conhecimento.

E, abrindo o Novo Testamento, marcado em

determinada página com uma fita azul, leu, e quando Nicodemos, senador dos Judeus, fez a pergunta a Ele:

"Mestre, sabemos que vieste da parte de Deus para nos instruir como um doutor, porquanto ninguém poderia fazer os milagres que fazes se Deus não estivesse contigo. E Jesus lhe respondeu: Em verdade, em verdade, digo-te: Ninguém pode ver o reino de Deus se não nascer de novo"

– Percebe aqui, minha filha, como o próprio Jesus já nos disse isso com todas as letras? Vou continuar mais um pouco. E disse-lhe Nicodemos: *"Como pode nascer um homem já velho? Pode tornar a entrar no ventre de sua mãe, para nascer uma segunda vez?* E respondeu-lhe Jesus: *Em verdade, em verdade, digo-te se um homem não renasce da água e do Espírito, não pode entrar no reino de Deus. O que é nascido da carne é carne, e o que é nascido do Espírito é Espírito. Não te admires que eu te haja dito que é preciso que nasças de novo." E Nicodemos continua: Como pode acontecer isso?*

– E Jesus lhe diz: – Como não me compreendes? És mestre em Israel e ignoras essas coisas?"

– Aqui, por exemplo, há um detalhe importante, que passa despercebido daqueles que só decoram o texto, mas não o estudam como deveriam, tirando o Espírito da letra, das leituras do Evangelho, quando da resposta de Jesus.

É que os Judeus, minha filha, acreditavam e acreditam na reencarnação, no nascer de novo, mas provavelmente Nicodemos queria saber mais de Jesus e dos seus ensinamentos, assim como fazemos em algumas conversas, parecendo não sabermos sobre o assunto para avaliar até onde o outro sabe, e ele continuou ouvindo Jesus, que lhe disse ***–"Digo-vos em verdade, que não dizemos senão o que sabemos, e que não demos testemunho do que não temos visto, entretanto, não aceitais o nosso testemunho, mas se não me credes quando vos falo das coisas da Terra, como me crereis quando vos falo das coisas do Céu?".***

– Como pode ver, Irmã, tudo está claro quando temos "olhos de ver e ouvidos de ouvir", que também são palavras de Jesus.

– É, mas fomos criados e educados entendendo de forma diferente: que a ressurreição acontece de corpo e alma e que, no juízo final, ficaremos diante de Deus, onde seremos julgados, e também que devemos aceitar com humildade aquilo que não tem explicação para nós, que não compreendemos.

– Pois é... Os dogmas da nossa Igreja sempre me causaram muita curiosidade, mesmo cursando a Faculdade de Teologia, totalmente focada neles e, assim, eu sentia que faltavam explicações. Sempre quis ouvir os depoimentos do máximo de crenças possíveis e de como as pessoas pensavam de verdade; depoimentos daqueles fiéis verdadeiros que as professavam, e não somente do que estava escrito nos livros teológicos que estudavam. Então, fui estudar, ao vivo, as diversas formas de entender a fé e os ensinamentos de Jesus, em praticamente todas as religiões que se dizem cristãs, até mesmo algumas que não o são, e assim, fui fazendo a minha própria crença e fé. E foi dentro da Doutrina Espírita que encontrei mais lógica, principalmente porque era só uma questão de "ler direito", entender o que está escrito, trazendo-a para o agora, pelo que conhecemos no mundo de hoje, com todas as informações que temos de Jesus no momento e, principalmente, por não possuir dogma algum, onde tudo é claro.

Na época de Jesus não dava para explicar, por exemplo, que hoje, mais de dois mil anos depois, usaríamos uma televisão, um computador, e, mesmo que o quisesse, não teria como informar, de forma que as pessoas o entendessem. Não havia parâmetros para passar os seus ensinamentos, então, ele se utilizava dos meios disponíveis em mãos, as parábolas e a alegoria das histórias do dia a dia do povo para que memorizassem a base dos ensinamentos, já que também poucos dominavam a escrita e, por conseguinte, a leitura.

As palavras, com o passar dos tempos, também mudaram e continuam mudando de significado, mas perceba que a essência do que nos ensinou está intacta:

"Amai-vos uns aos outros como Eu vos amei", "Amai a Deus sobre todas as coisas e ao próximo como a vós mesmos".

Isso não pode ser corrompido em nenhum idioma, por mais alterações que passem as palavras e seus significados.

– Pois é, padre, então, por que o senhor continua padre?

– Boa pergunta!

E padre Romeu rompeu uma sonora gargalhada, descontraindo mais ainda, a cada vez mais, a intrigada Irmã Magda, e lhe respondeu singelamente, após mostrar um segundo de seriedade.

– Talvez porque seja aqui, neste lugar, a minha tarefa na Terra. Quem estaria aqui para lhe dar esse atendimento e essas informações que eu aprendi através dos meus estudos e pesquisas? Talvez alguém cheio de boas intenções, é verdade, mas que não iria fazê-la evoluir no conhecimento da vida espiritual, que é o que lhe vou repassar, cada dia um pouco, e que é o seu real objetivo aqui na Terra: aprender para evoluir. Um objetivo não só seu, mas nosso, pois é meu também e de todos os seres viventes: aprendermos e evoluirmos sempre. Este é o maior e único objetivo: evoluir.

Parou de falar e, olhando-a atentamente por alguns segundos, continuou:

– Irmã Magda, a senhora não deveria se espantar tanto com essas coisas, pois nas escrituras que temos para estudar na nossa santa igreja, na vida de todos os santos, ou na grande maioria, é nítido e claro o fenômeno ostensivo da mediunidade. Olhe, só para citar um mais conhecido, veja a história de Santa Joana d'Arc, que foi queimada na fogueira porque tinha visões, ouvia vozes e, com certeza, também falava com Espíritos; depois, a própria igreja reconheceu-a como Santa e todos os outros, que nem vem ao caso neste momento enumerar, até porque a Irmã conhece muito bem todos eles.

A senhora acha que esses fenômenos eram o quê, senão mediunidade espontânea e ostensiva? As aparições, os fantasmas, os mortos-vivos, e muitos outros fenômenos que se ouve falar por aí, não passam de fenômenos naturais ou o que a senhora acha que são, na realidade? São nada mais, nada menos, que efeitos mediúnicos que permitem enxergar e ouvir Espíritos; só isso, simples assim.

Uns com mais sensibilidade, outros menos sensíveis ao fenômeno.

Vou ler o item 159 de *O Livro dos Médiuns*, de Allan Kardec também, para a senhora entender melhor:

159. "Toda pessoa que sente, em um grau qualquer, a influência dos Espíritos, por isso mesmo, é médium. Esta faculdade é inerente ao homem e, por consequência, não é privilégio exclusivo; também são poucos nos quais não se encontrem alguns rudimentos dela. Pode-se, pois, dizer que todo mundo é, mais ou menos, médium. Todavia, usualmente, esta qualificação não se aplica senão àqueles nos quais a faculdade medianímica está nitidamente caracterizada, e se traduz por efeitos patentes de uma certa intensidade, o que depende, pois, de um organismo mais ou menos sensível. De outra parte, deve-se anotar que esta faculdade não se revela em todos do mesmo modo; os médiuns têm, geralmente, uma aptidão para tal ou tal ordem de fenômenos, o que lhes resulta tantas variedades quantas sejam as espécies de manifestações. As principais são: *os médiuns de efeitos físicos, os médiuns sensitivos ou impressionáveis, audientes, falantes, videntes, sonâmbulos, curadores, pneumatógrafos, escreventes ou psicógrafos.*

Vou ler o item 167, que fala dos médiuns videntes, que é o seu caso:

"Os médiuns videntes são dotados da faculdade de ver os Espíritos. Há os que gozam dessa faculdade no estado normal, quando estão perfeitamente despertos, e dela conservam uma lembrança exata; outros não a têm senão no estado sonambúlico ou próximo do sonambulismo. Esta faculdade raramente é permanente e é, quase sempre, o efeito de uma crise momentânea e passageira. Podemos colocar na categoria de médiuns videntes todas as pessoas dotadas da segunda vista. A possibilidade de ver os Espíritos em sonho resulta, sem contradita, de uma espécie de mediunidade, mas não constitui, propriamente falando, os médiuns videntes."

O médium vidente acredita ver pelos olhos, como os dotados da segunda vista; mas, na realidade, é a alma quem vê, e essa é a razão pela qual veem tão bem com os olhos fechados como com os olhos abertos; de onde se segue que um cego pode ver os Espíritos como aquele que tem a vista intacta. Haveria sobre este último ponto um estudo interessante a fazer, e seria o de se saber se esta faculdade é mais frequente entre os cegos. Os Espíritos que foram cegos nos disseram que, em sua vida, tinham, pela alma, a percepção de certos objetos, e que não estavam mergulhados numa obscuridade *negra.*"

Um exemplo curioso também é o das crianças que, normalmente, possuem clarividência e, ingenuamente, chegam a confundir vivos e mortos; a senhora sabe, pois trabalha com elas...

Ficaram ambos em silêncio, refletindo sobre toda a conversa, até que padre Romeu continuou:

– Aceite a mediunidade como um dom que Deus lhe deu, irmã. E a use para o bem, para aconselhar e apaziguar os aflitos com suas palavras e conselhos. Ore muito para que só se aproxime da irmã Espíritos do bem, com real intenção de ajudar, e não, Espíritos que transitam no mal, com o intuito de prejudicá-la, de atormentá-la, de torná-la refém de suas maldades.

E assim, a cada dia que passava, a Irmã Magda mais se inteirava do que acontecia com ela, mas não tinha ainda muita segurança e nem a explicação da causa e do porquê de aqueles Espíritos a perseguirem, mesmo fazendo orações dia e noite. Mas continuou ouvindo as lições do padre, agora mais descontraída na sua relação com o assunto e com ele. Pareciam mais avô e neta trocando ideias e experiências, do que um padre conversando com uma freira. Havia uma singela simpatia mútua.

capítulo 11

ESTUDANDO *O LIVRO DOS ESPÍRITOS*

E PADRE ROMEU, COM A SEGURANÇA DE QUEM SAbia que, além dela, ali também estavam os seus obsessores, alguns dias depois daquela conversa, passou a ler *O Livro dos Espíritos*, de Allan Kardec, iniciando com os prolegômenos, para que Irmã Magda pudesse compreender como foram respondidas as mais de mil perguntas que o livro contém.

E daquela data em diante, foram estudando uma a uma todas as perguntas e respostas do livro, logo depois que terminavam as orações, benzimentos e rituais, que não dispensavam em nenhum momento.

E assim, ficavam cada vez mais fortalecidos em sua fé e convicções espirituais.

Logo após, cada um retomava os seus afazeres, sem deixar totalmente de pensar no assunto estudado.

Passaram-se alguns meses e a melhora de Irmã Magda era visível em todos os sentidos, principalmente com relação ao convívio com as colegas Irmãs e as crianças do orfanato. Um bom humor constante e uma paz interior pairavam ao seu redor, envolvendo também a todos que com ela conviviam, até porque, é assim que funciona a vida. Quando permanecemos na paz, ela vai se estendendo a todos ao nosso redor e, por consequência, o inverso também é verdadeiro. Quando externamos nossa revolta e nos envolvemos na ira, entramos numa sintonia de ódio e desequilíbrio em nós e em todo o ambiente em que estamos, contaminando a todos com o nosso veneno.

Porém, padre Romeu não se enganava com

essa paz e harmonia aparentes, e havia alguns dias em que ele ainda via a Irmã chegar à Igreja, trazendo, à uma pequena distância, a sua comitiva de Espíritos inferiores, agora mais indignados ainda por não conseguirem uma aproximação maior, dada a mudança de sintonia dela.

E assim, cada vez mais interessado no assunto da mediunidade, ele estudava para fazer uma sessão com a Irmã. Principalmente para saber do que se tratava aquela falange de irmãos perturbados e perturbadores que ele via com tanta frequência, como médium clarividente que era, acompanhando a Irmã de longe, à espreita. Só que agora, sem acesso para perturbá-la, pela sua mudança de sintonia, como disse, já que partia dela o propósito de se melhorar.

Porém, ainda continuavam ali a querer dominá-la, subjugá-la novamente, esperando um deslize qualquer da parte dela, afinal, não se resolve esse tipo de situação com simples rezas automatizadas e repetidas. É indispensável uma profunda mudança de pensamentos e comportamentos para cortar a ligação direta com o obsessor, e a Irmã Magda, além de sentir uma culpa profunda que trazia de vidas passadas, ainda tinha por hábito julgar as pessoas levianamente e, algumas vezes, também se intrometer onde não era chamada, causando alguns conflitos entre as Irmãs com quem convivia. Ela precisava urgentemente se dar conta de que, afinal, também todas eram seres humanos falíveis e que muitas pessoas, dividindo o mesmo espaço, quase sempre geram conflito e desavença, por mais "santos" que procurem ser. São criaturas de Deus evoluindo e aparando arestas, para lapidar o Espírito. Isso é considerado "normal", dentro ou fora dali.

E ele se sentia agora na obrigação de conversar com aqueles Espíritos e se inteirar profundamente da situação, para encontrar a maneira certa de ajudá-los. Mas não podia fazer isso de forma irresponsável. Talvez fosse interessante procurar um médium de alguma casa espírita. Pediria ajuda de alguma forma, pois eram muitos os Centros Espíritas pela cidade toda, além da Federação Espírita.

Quanto mais ele estudava, mais as suas percepções aumentavam e a vidência ficava mais nítida e concisa, mesmo que, em algumas ocasiões, sua vidência fosse intuitiva.

capítulo 12

Uma amizade nasce no meio das águas

Preparava-se espiritualmente para esse momento que, tinha certeza, ia aparecer e, enquanto não acontecia, estudava e lia os livros, cada vez mais atento aos detalhes, e ainda fazia as reuniões de estudos e orações com a Irmã Magda.

Passaram-se uns quinze dias ou mais sem que ela aparecesse por lá, provavelmente ocupadíssima em ajudar na situação infeliz que se estendera pela cidade naquela semana. É que, por conta do começo da temporada das chuvas, uma grande enchente foi causadora de uma calamidade geral, com deslizamentos e isolamento de famílias inteiras numa parte da cidade.

O orfanato também se mobilizou em ajudar no que podia e algumas Irmãs se encaminharam diretamente ao grande galpão de um clube, onde montaram todo um esquema de atendimento, recolhimento de alimentos, roupas, além da ajuda de muitas pessoas altruístas como voluntários, que se revezavam dia e noite no auxílio aos necessitados. Num determinado momento, o serviço avolumou-se numa proporção tal, que o padre Romeu teve que suspender temporariamente os seus estudos e algumas atividades e se envolver totalmente no abnegado trabalho voluntário.

Todos trabalhavam dia e noite, resgatando pessoas, cozinhando, providenciando roupas, levando as infelizes criaturas para os abrigos improvisados, proporcionando atendimento médico e outras tantas tarefas necessárias. Parecia que o mundo ia se acabar em água, tal era a desolação.

Certo dia, durante o corre-corre, um dos voluntários, de aproximadamente cinquenta anos, convidou, em alta voz, talvez pelo seu físico, ainda saudável e forte, o padre Romeu, para que o acompanhasse até um lugarejo sitiado pelas águas, onde uma mulher estava para dar à luz e ele precisava da ajuda de alguém que remasse um pouco, pois já se encontrava extenuado.

Depois, explicou que havia dois dias estava transportando e socorrendo pessoas com aquela embarcação improvisada, sem dormir e nem descansar. Prontamente, e até com alguma habilidade para a idade avançada, padre Romeu saltou para dentro da canoa, todo encharcado, tiritando de frio, e falou:

– Que bom, esse exercício vai-me fazer aquecer os ossos. Para onde vamos?

– Não é muito longe, mas estou um pouco cansado. De qualquer maneira, iremos nos revezando. Eu só preciso me refazer um pouco. Como é seu nome, amigo?

– Romeu, e o seu?

– O meu é Antônio, muito prazer. Ainda sou relativamente novo neste lado da cidade e não conheço quase ninguém nesta região, mas por conta dessa triste situação, vou conhecendo pessoas diferentes a toda hora, tanto do lado dos voluntários como dos desabrigados.

– Pois pode contar com mais um, amigo.

– Obrigado.

Ficaram calados, por um momento, olhando aquele cenário sinistro, onde as ruas se transformaram em verdadeiros rios, com as águas chegando à meia parede e, em alguns lugares mais baixos, na altura quase dos telhados.

– Olhe os misteriosos caminhos de Deus – disse Antônio –: as pessoas, com a correria de seus compromissos, mal se cumprimentam, mas na hora da calamidade, muitos se unem para ajudar e, com sorte, até se tornam amigos para sempre.

– É verdade... A gente nunca sabe qual é o plano de Deus para as suas criaturas...

Tornaram a silenciar, provavelmente pela quase exaustão de tanto trabalhar, pouco se alimentar e descansar, até que Antônio retomou a conversa.

– Uma pessoa, que também chegou de canoa

trazendo mais alguns desabrigados, avisou sobre essa família que está isolada, por conta do deslizamento e que, entre elas, há uma mulher grávida. É lugar de gente muito pobre, e como todo mundo ia para algum lugar diferente, me ofereci e peguei esta canoa com um garoto, que parecia exausto de tanto remar. Houve um grande deslizamento e a defesa civil está retirando as pessoas e, como são muitas, precisamos ajudá-los.

– Você, então, não conhece bem aqueles lados? Quero dizer, aquela região, já que me falou que não conhece direito este lado da cidade, e como vamos saber para onde ir?

– Já ouviu falar em se deixar conduzir por Deus? É o que estou fazendo e já estive lá, sim, há algum tempo. Certa vez, estive por perto, acompanhando outras pessoas numa comitiva. É um lugar muito pobre mesmo, onde a miséria é geral, e, para ser bem sincero, não me lembro muito bem da localização, mas, com certeza, encontraremos, pois Deus nos guiará.

– Eu também já ouvi dizer que eles vivem,

ou podemos dizer, que sobrevivem, em situação de grande penúria.

– Tenho amigos que fazem visitas levando alimentos e agasalhos em várias regiões da cidade e eu estava esperando uma nova ida deles para aqueles lados quando aconteceu essa chuva toda, antecipando os acontecimentos.

– Que coisa absurda está o clima da Terra, não é? Chuvas demais, terremotos, muito calor, muito frio... De todas as formas, a Terra, o nosso planeta, está reagindo, sacudindo as pessoas...

– É a falta de Deus no coração das pessoas, meu amigo. As pessoas estão muito materialistas, egoístas, e nessas horas de tragédia, quando todos são igualados na dor, é que acordam para a fragilidade que é viver e se lembram de Deus.

Navegaram mais um pouco em silêncio, desviando de todo tipo de entulho e lixo, com padre Romeu remando devagar, até que, ao longe, avistaram um grupo pequeno de pessoas equilibrando-se sobre algo mais firme, como uma carroceria de caminhão ou um tablado. Ao vê-los, abanavam as mãos e gritavam por socorro. O padre, então, remou um pouco mais rápido e, ao chegarem junto àqueles necessitados, a canoa foi estranhamente empurrada para dentro de um precário barraco, parando exatamente na lateral de uma rede de dormir onde se encontrava deitada uma jovem mãe, abraçada ao seu filhinho que acabara de nascer, com o auxílio das pessoas que aguardavam o socorro.

Rapidamente, soltaram as amarras do improvisado leito e a acomodaram no barco sobre o desbotado tecido da rede, para que fosse levada até o abrigo mais próximo. Tudo aconteceu numa rapidez espantosa, que nem deu para pensar direito e, de repente, os dois homens se viram remando vigorosamente de volta, agora com mais um pedaço de pau, num improvisado remo, a fim de aumentar a velocidade daquela frágil embarcação que carregava um precioso fardo: a bênção de uma nova vida que chegava em tão difícil circunstância.

A mãe tiritava de frio, mas conseguia, com o pouco calor do corpo, manter seu bebê aquecido, junto ao peito. Naquela hora, ela não era só uma mulher, era uma mãe, uma fêmea, aninhando sua cria com desvelo. Dali, ela só sairia para um lugar mais seguro, nunca para um colo qualquer.

– Chegamos! – falou Antônio, alto e claro.

E logo apareceram mais pessoas para recolherem a mãe e o recém-nascido, a fim de serem atendidos na unidade de emergência, que tinha sido implantada num dos pontos de atendimento e recolhimento dos desabrigados.

As doações vinham de toda parte, e voluntários também, graças à providência Divina.

Olhando à sua volta, padre Romeu se lembrou do que Antônio falara: que as calamidades igualam todos pela dor, e dava para ver que era a mais pura verdade. Até os mais ricos e orgulhosos precisavam se tornar humildes, a ponto de passar fome ou de não terem com que se cobrir, e ainda terem a experiência de aceitar qualquer coisa, numa calamidade dessas.

"O sofrimento lapida as pedras mais duras e amolece o ferro mais forte", diz o ditado popular...

Ainda meditava diante do triste quadro à sua frente, quando foi chamado por Antônio para um novo resgate, e assim continuaram por horas, sem falarem alguma coisa que não se relacionasse ao socorro das vítimas.

Só muitas horas depois, e por acaso, foi que Antônio veio a saber que aquele valente amigo e companheiro de remadas, um senhor de idade avançada, era, na verdade, um padre. Enquanto resgatavam mais um grupo, ele foi reconhecido alegremente por outra voluntária, que o chamou de padre, pois já o conhecia da igreja. Imediatamente, Antônio perguntou:

– Você é padre?

– Sim, e você, segue qual religião?

– Sou espírita, na verdade, sou estudioso da Doutrina Espírita.

– Que boa notícia!

– Não entendi...

– Quando tudo isso aqui voltar ao normal e pudermos descansar, gostaria muito de conversar com uma pessoa espírita, principalmente alguém que entenda do assunto para me tirar algumas dúvidas. Sou o padre Romeu da Igreja de São José. Pode ser? Você arrumaria um tempinho para conversarmos?

– Com o maior prazer, Romeu, quer dizer, padre Romeu.

E abraçaram-se, comovidos, selando para sempre aquela amizade nascida espontaneamente entre os dois, irmãos em ideais, alicerçados na fé, na solidariedade tão comum a ambos, e na constante busca de ajudar os seus semelhantes que sofriam com as tragédias que se abatiam constantemente, seguindo os ensinamentos do Mestre Jesus:

"Todo aquele que fizer algo ao seu semelhante é a mim que estará fazendo"

Foram dias difíceis para todos, mas a solidariedade e a fé em Deus deram forças e recursos, vindos de entidades sociais e pessoas generosas, para os menos afortunados se recuperarem. Assim, pouco a pouco, a vida naquele local voltou à rotina, sob lindos e ensolarados dias.

capítulo 13

A visita de Antônio

Após alguns dias da retomada da rotina na cidade, certa tarde, apareceu, na sacristia da Igreja de São José, a Irmã Magda, procurando pelo padre Romeu, para as orações e estudo, voltando a se tratar e a estudar, antes que tivesse uma recaída.

Comentaram sobre a calamidade e sobre o trabalho feito por todos. Em seguida, iniciaram as orações e a leitura do Evangelho, tão necessária no conforto das aflições e, antes do entardecer, ela foi embora, pois precisava ajudar a preparar as crianças para o banho e o jantar.

Passados alguns minutos, alguém bateu levemente à porta da sacristia e, para surpresa do padre Romeu, quem estava ali à sua frente? Ninguém menos que Antônio, seu novo amigo.

– Olá, mas que prazer em revê-lo! Entre, entre. Sente-se onde quiser e se sentir melhor. Passo o dia quase todo por aqui atendendo ao meu rebanho no que posso, mas gosto que se sintam em casa e que me vejam como amigo e conselheiro, acima de tudo. Então, cada um escolhe onde se sentar, a fim de se sentir mais à vontade para conversar. Aqui é minha casa, a casa de Deus, a casa de todos, e é aqui que recebo meus amigos.

– O prazer é meu também. Fiquei muito curioso em saber o que um padre quer de mim, um espírita.

– Amigo, você vai cair duro para trás quando souber, pois se trata de algo muito comum à sua religião. Preciso de informações que talvez você possa me dar e, quem sabe, me ajudar a resolver um problema. Para falar a verdade, um problemão.

– Deve ser algo muito estranho mesmo, e até acho que vou precisar me assustar um pouco, só para compor o quadro, hoooo!

E fez uma cara dramática, de horror, mostrando ao padre Romeu o quanto ele era bem humorado e, por que não dizer, "espirituoso".

– Desculpe a brincadeira, meu amigo, e, agora, falando sério e indo direto ao assunto, em que posso ajudá-lo?

– Bem, Antônio, indo direto ao assunto, como você bem disse, é o seguinte: eu sou um padre exorcista, mas estou com um caso especial, diferente de qualquer outro que já tratei e queria estudá-lo de forma mais profunda, ou menos superficial como, de praxe, nós, os exorcistas, fazemos, ou seja, afastamos o Espírito e fica por isso mesmo. Não! Não quero que seja mais assim, quero me aprofundar no caso, pois se trata de uma freira médium... É... Uma mediunidade exacerbada, pelo que estive lendo, mas educável.

E esse caso, especificamente, está me causando grande curiosidade pela maneira como começou, como está se desenvolvendo e pelas visões que tenho tido das criaturas que a acompanham. É, eu também sou médium vidente. Mas você, como espírita, pratica a mediunidade, ou só estuda os fenômenos?

– Eu sou médium, sim, aliás, todo ser humano é médium em maior ou menor escala. Se você tem clarividência e ainda andou lendo, deve ter-se inteirado de que todas aquelas "ideias repentinas" que temos, como por exemplo, a de resolver passar por determinado lugar, que geralmente não passamos, e encontrar uma pessoa que fazia tempo não víamos, e que nos traz enorme satisfação, são fenômenos mediúnicos naturais. Trata-se da inspiração de nossos guias ou amigos espirituais, que nos dão intuição para mudarmos o caminho e encontrarmos aquela pessoa ou nos desviarmos de um acidente, de não embarcarmos num avião que cai, ou sonharmos com alguém e, de repente, vir a notícia da morte daquela pessoa ou, ao contrário, receber notícias; enfim, mil histórias que a maioria das pessoas já ouviu contar.

– Pois é – concordou o padre. – Eu estou lendo *O Livro dos Espíritos* com a Irmã Magda, porque preciso que ela entenda algumas coisas para poder também se ajudar e, à noite, estou lendo *O Livro dos Médiuns,* de Allan Kardec, para me inteirar melhor sobre os fenômenos.

De repente, Antônio, por algum motivo, sentiu uma certa aflição, talvez uma reminiscência do passado, que se acendeu ali, naquele momento, mas que, sem precisar a causa, sem fazer qualquer comentário, continuou a conversar normalmente.

Falaram sobre os fenômenos mediúnicos, sobre os médiuns, sobre obsessões e obsessores, enfim, num rápido apanhado, o padre Romeu foi tirando algumas dúvidas. E como já se encontrava um pouco inteirado sobre o assunto, foi mais fácil e rápido, até porque, naquele momento, ele queria só algumas explicações e "filosofar" um pouco com alguém que conhecesse também o Espiritismo, o que, no momento, era-lhe um assunto muito interessante.

Até que Antônio ouviu o sino tocar e, olhando para o relógio, assustou-se com a rapidez com que a hora passara, lembrando-se de que ainda tinha outro compromisso, antes do jantar, e ir ao Centro Espírita, que frequentava todas as quartas-feiras, principalmente.

– Caro Antônio – pediu o padre –, volte mais vezes, por favor, pois ainda preciso muito conversar sobre o assunto e, talvez, até venha a precisar de sua ajuda, da sua presença, no atendimento da Irmã Magda.

– Não se preocupe, meu amigo, é só encaixar nossos encontros na minha agenda e poderemos ter momentos de muita alegria e troca de ideias. Hoje, aqui na sua sacristia, tive uma ligeira impressão de que já fui padre em alguma encarnação. Eu senti isso. Na verdade, eu "me senti em casa", como se diz

– Sério? E o que sentiu? Conte-me – pediu o padre Romeu, cheio de curiosidade.

– Ah, não sei bem explicar, talvez um pouco de tristeza e muita aflição. No começo, queria ir embora correndo, mas, como procuro me disciplinar, quando percebi, elevei o meu pensamento, mudando a sintonia, e consegui voltar ao meu normal.

– Muito interessante... Muito interessante...

Antônio, então, despediu-se e saiu pela porta lateral da sacristia, deixando o padre pensativo.

Antônio era um homem moreno, forte, apesar de seus já cinquenta e poucos anos de idade, de têmporas grisalhas e sempre com um sorriso no rosto. Enfermeiro de um grande hospital, há muitos anos, e médium nos trabalhos de desobsessão na casa espírita que frequentava, costumava fazer parte de várias atividades de benemerência, sempre que suas folgas no hospital permitiam. Morava só e dedicava integralmente seu tempo aos outros, seus semelhantes, dentro e fora do hospital. Em muitos casos, fazia visitas aos pacientes, em suas casas, depois de terem alta, levando ânimo e conforto espiritual para muitos, além de ajudar num banho ou troca de roupas, com a naturalidade dos que fazem o bem diretamente com o coração.

Gostava muito de ler e estudar a Doutrina Espírita que, nessa altura da vida, conhecia relativamente bem. Assim, ganhou mais um amigo, o padre Romeu.

capítulo 14

Irmã Magda chega acompanhada

A semana passou célere para todos e já se iniciava outra, dando início também a uma nova estação, o outono.

Chegava a hora das orações com a Irmã Magda, e o padre Romeu começou a sentir uma sensação estranha, uns arrepios, o peito oprimido. Ajoelhou-se, então, diante da sua imagem preferida, no seu oratório, e, de posse de seu terço escuro e brilhante, de tanto ser manuseado, começou suas orações em que pedia, entre uma e outra, a ajuda espiritual, pois pressentia que, naquele dia, haveria uma visita diferente.

Mal acabara o terço, já totalmente equilibrado e confortado, quando ouviu uns passos firmes, vindos do interior da igreja, ecoando por toda a nave e, novamente, um arrepio percorreu-lhe o corpo, fazendo-o estremecer da cabeça aos pés. Elevou os olhos para a imagem de Jesus, sobre o seu oratório, enquanto ouvia, dentro de si, uma voz, uma certeza, que parecia lhe dizer: “Tenha fé, não se esqueça de que Deus está ao seu lado e que aqui é a casa Dele, totalmente impregnada de orações sinceras, que formarão um escudo protetor. Tenha fé em Jesus, que está sempre presente, além de nós, seus amigos.”

Foi acompanhando, com a audição e os olhos fechados, os passos se aproximarem firmes e fortes, quase uma marcha, até que a porta lateral do altar-mor, que permitia acesso direto à sacristia, se abriu de uma vez só. E Irmã Magda, totalmente transfigurada, transtornada mesmo, com uma postura arrogante, quase uma figura masculina e grosseira, contrastando com a sua fragilidade, entrou e estacou diante do padre, com os olhos vermelhos e esbugalhados, fixados no vazio de aparente insanidade mental. Então, com indefinível voz rouca, gutural e estranha, que ressoou entre as paredes da sacristia, proferiu-lhe injúrias e palavrões, impensáveis na boca de uma freira e num lugar considerado sagrado.

Automaticamente, padre Romeu pensou em Antônio – "como seria bom se ele estivesse aqui agora"–, mas tinha que ter fé e confiar plenamente na Divina Providência e, olhando novamente para a imagem de Jesus, proferiu, em baixa voz, antes de levantar os joelhos de onde estavam apoiados: "Ajuda-me".

Uma força interior, naquele momento, tomou conta de todo o seu ser, tendo até a impressão de que aumentara de estatura e, com muito equilíbrio interior, enfrentou a entidade, não usando a mesma sintonia grosseira em que o Espírito se encontrava, mas a sintonia do amor em Deus e a fé em Jesus.

Ele estava pleno, forte, embalsamado de amor fraterno e sincero, quando se postou diante da Irmã, que vomitava impropérios e gesticulava com os braços em riste. Porém, naquele momento, nada, nem ninguém, e nenhum Espírito do mal poderia dominá-lo, e foi imbuído desses sentimentos, plenos de fé em Jesus, que, energicamente, falou para o Espírito que estava se utilizando dos dons mediúnicos da Irmã para se comunicar tão agressivamente:

– Respeite a casa de Deus, se quiser se comunicar comigo.

A entidade que obsedava e dominava o corpo da Irmã estacou e retrocedeu, sentindo que, aquele que estava diante dela, tinha mais força moral e espiritual que ela própria, entendendo que não conseguiria dominá-lo assim, no grito e nos insultos. Dessa forma, abandonou-a imediatamente, deixando-a caída no chão, exausta e largada como um trapo de pano velho, sem nada mais dizer.

A Irmã acordou do transe mediúnico, perguntando onde estava e como tinha chegado até ali, enquanto se recompunha e alisava as suas vestes, totalmente embaraçada com o inusitado.

– Pois é, Irmã, é por isso que precisa estudar, para que aprenda a usar o autocontrole e não permitir esse domínio sobre a senhora novamente, porque, queira ou não, eles estão cada vez mais perto, querendo tomar posse e dominar seus sentidos.

– Ai, cruz credo!!!

Falava e se benzia automaticamente, repetidas vezes, diante do rosto e do peito, e depois cruzava os dedos insistentemente sobre os lábios, aflita, mais do que o de costume.

– Mas como vou saber me controlar, como farei para não me deixar dominar? Nunca me aconteceu uma coisa estranha dessas, e nem percebi nada. Saí pela porta do orfanato para o pátio, daí, parei ao lado da pilha de papelão, e é só do que me lembro... E agora "acordei" aqui, no chão da sua sacristia, sem saber por que caminhos eu passei e o que fiz nesse trajeto... Ai, meu Deus!!! Que medo!!!

– Orar muito, Irmã, é o que precisa fazer, mas orar com fé, falar com Jesus e com os anjos e, principalmente, vigiar os seus pensamentos, pois eles é que fazem a ligação com esses Espíritos do mal. É o que se chama de sintonia. Assim como um rádio que a senhora sintoniza, somos nós com os nossos pensamentos: sintonizamos quem pensa como nós e, automaticamente, nos aliamos a eles. Orar e vigiar é a lição maior no momento. Orar e vigiar, repito, e vamos orar primeiro, depois, conversaremos.

– Mas eu só me lembro de que estava olhando uma nova pilha de papelão que se formou no pátio e, ao me lembrar da catadora, tudo se apagou, e só me lembro de que acordei aqui, no chão...

Falava, sempre repetindo a mesma situação, de estar no pátio diante do papelão e vir parar ali, o que a deixava apavorada e sem saber o que pensar. Na verdade, nem conseguia pensar.

– Pois, então, essa é a ligação com as criaturas de seu passado. Essa pessoa que cata papelão é o elo de uma grande corrente que a senhora vem arrastando ultimamente. Procure não se lembrar mais dessa pessoa e, se tornar a se lembrar, tome o terço nas mãos e ore imediatamente a Deus por todos vocês, que, com certeza, em outras vidas não estiveram envolvidas em boa coisa.

– Credo, padre!

E persignou-se várias vezes, repetindo o ato

mecânico de se benzer e beijar as pontas trêmulas dos dedos.

Em seguida, silenciaram, iniciando automaticamente uma profunda e prolongada respiração cadenciada e cada vez mais lenta, enquanto se concentravam, e só depois de refeitos e acalmados os corações, começaram as orações de praxe.

Ao terminarem, a Irmã ainda ficou por lá mais um pouco, conversando com o padre, quando ouviram leves batidas à porta e Antônio chegou até eles. Foi entrando silenciosamente pela porta lateral da sacristia e falando:

– Ouvi um "chamado", ou foi impressão minha?

– Realmente, agora há pouco, quase pedi "socorro" aos gritos, enquanto sintonizava com as forças Divinas, e logo pensei o quanto seria bom se você estivesse aqui conosco naquele momento, e parece que você realmente me ouviu! Isso é possível?

– Então, cheguei atrasado?! Sim, é possível,

meu amigo, quando estamos em sintonia com Deus o tempo todo, enviamos e recebemos recados, e parece que foi isso mesmo o que nos aconteceu.

– De que estão falando?

– Este é Antônio, meu amigo, e, pelo visto, temos uma sintonia telepática, pois quando a senhora entrou aqui, levei meu pensamento até ele também e, pelas suas palavras, captou a minha mensagem.

– Na verdade, eu tinha pensado em vir, na mesma hora em que "percebi" a sua imagem preocupada. Eu o vi mentalmente... Oh, desculpe-me, Irmã, nem me apresentei; muito prazer em conhecê-la, sou Antônio.

– Prazer, seu Antônio, e desculpe-me também, mas já está na minha hora de ir, pois daqui a pouco, serviremos o jantar das crianças e preciso estar lá. Nem imaginam o que são crianças com fome, a algazarra que fazem...

Falou, sorrindo descontraidamente, nem parecendo que, uma hora e meia atrás, estivera possuída pelo seu perseguidor violento e acompanhada de toda uma falange pesada e de grande energia inferior.

– Fique à vontade, Irmã, faça o que precisa. Foi um prazer conhecê-la, é um lindo trabalho o seu: cuidar das crianças sem lar.

– Obrigada, e boa tarde.

Padre Romeu acompanhou a irmã até a porta, enquanto Antônio, sentado, um tanto pensativo, apreciava os lindos trabalhos artísticos, emoldurados por flores frescas, espalhados pelos cantos do ambiente.

– Pronto, aqui estou de volta e preciso lhe contar o que aconteceu – disse o padre.

E relatou a Antônio, com detalhes, o comportamento inusitado e involuntário da Irmã Magda, momentos antes, além da impactante visão dos Espíritos inferiores que a acompanhavam.

– Pois é, meu amigo, realmente, este me parece um caso de obsessores de vidas passadas. Seria muito interessante solicitar o auxílio do plano espiritual numa sessão de desobsessão no Centro

Espírita em que eu trabalho, pois essas entidades, assim revoltadas, precisam de trabalhos específicos de desobsessão para que compreendam que precisam se desvincular do seu desafeto, no caso a Irmã, e seguir sua vida com a ajuda dos amigos espirituais e mentores que os encaminharão até os lugares adequados de reeducação, para serem preparados para novos caminhos ou, mesmo, uma nova encarnação, e dar continuidade aos propósitos de Deus, que é a evolução de todos. Na verdade, são entidades que querem se comunicar e, nesse caso, dominar e se vingar de qualquer maneira, para que sofram como eles sofrem, e como o médium não é educado para receber Espíritos, eles tomam conta momentaneamente, num momento de fragilidade, pois estão precisando realmente disso, dessa energia material que emanamos, enquanto encarnados, e que ainda os alimenta. Eles ainda necessitam dela para se sentirem fortes e, principalmente, "amedrontadores". Mas é necessário que isso aconteça de vez em quando, para que consigam ser ouvidos e ajudados, e, por conseguinte, serem convencidos a perdoar, seja lá o que fizeram com eles, pois dá para sentir, pelo que já me disse, que são Espíritos vingativos e cheios de ódio, e só o perdão nos traz a paz de espírito verdadeira. O que eu pretendo, na verdade, é solicitar ao Plano Espiritual que nos ajude a ter um diálogo com eles, a fim de, com já disse, convencê-los a perdoar e seguir o caminho do Bem, para que possam encontrar o caminho da própria felicidade, libertando-se desse sofrimento que o ódio lhes traz.

Antônio permanece alguns segundos em silêncio e complementa:

– Também sugiro que a Irmã receba um tratamento com passes, a fim de amainar sua mediunidade e de lhe trazer um pouco mais de tranquilidade, para que possa estudar um pouco mais sobre a Doutrina Espírita.

– Pensei a mesma coisa, Antônio. Acho que os passes seriam uma ótima providência, mas isso teria que ser realizado aqui na Igreja, mais precisamente, neste local, pois a Irmã Magda não frequentaria um Centro Espírita para se tratar. Se eu já a conheço um pouco, isso iria totalmente contra suas convicções e crenças, e, além do mais, isso também iria criar problemas na comunidade religiosa em que ela atua.

– Você acha que ela concordaria em receber os passes?

– Acho que com ela não tem problema, pois do jeito que se encontra angustiada, quer mais é se livrar dessa situação. Sabe, Antônio, a Irmã é uma boa pessoa, muito sofrida desde criança. Foi abandonada, ainda recém-nascida, na porta do mesmo orfanato em que trabalha até hoje, junto com a maioria das Irmãs que a criaram e educaram.

Cresceu, estudou, tornou-se freira, e ali está dando o seu testemunho a Deus de sua vontade em servir humildemente ao seu semelhante. Ela é muito devota, trabalhadora, e admiro muito a pessoa simples que é. Não é uma pessoa culta, não. Sua vida se resume às tarefas do orfanato e às orações, mas é inteligente e compreende rapidamente os ensinamentos que eu lhe passo. A cada dia, sei um pouco mais de sua vida. Como não conheceu a figura paterna, vê, em mim, um pai para ela e vai me contando as suas tristezas e sofrimentos fora do confessionário, apenas como um amigo mesmo.

– E o senhor, padre, o que o levou a escolher a vida religiosa? Posso saber, sem invadir-lhe demais a privacidade?

– É claro, Antônio, minha vida não esconde segredos e não é muito diferente da Irmã Magda, ou de qualquer criatura que está vivendo na Terra, não. Sou um batalhador da minha evolução.

capítulo 15

A HISTÓRIA DE PADRE ROMEU

— SABE, ANTÔNIO, TODOS NÓS SOFREMOS PARA NOS melhorarmos como pessoas, como você bem sabe. Também cresci sem pai, sem mãe, e fui criado pela minha muito amada avó, que Deus a guarde, que me amou muito e sei que deve me amar, ainda, onde estiver, tenho certeza. Ela foi uma pessoa boa aqui na Terra, muito religiosa, mas infelizmente, para mim, morreu quando eu ainda era muito jovem.

Logo depois de sua morte, fui convocado ao serviço militar e fui enviado, em seguida, para a guerra, para a Itália. Sim, eu fui um combatente, daquele grupo de jovens do bem, a maioria vinda do interior, da roça, meninos humildes, que não tinham nem ideia do que iriam enfrentar e, assim que chegamos no campo de batalha, propriamente dito, sofremos logo um ataque e eu fui atingido, quase até a morte, totalmente crivado por estilhaços de granada, mas sobrevivi, entre muitos. Deixei para trás muitos companheiros que lá ficaram estendidos, sem vida. Jovens como eu, cheios de sonhos e inconscientes da própria ingenuidade. Eu sobrevivi, mas cheguei a desejar tivesse morrido, era só o que eu pensava no hospital. – "Por que sobreviver assim? Um farrapo de gente!" – Todo remendado e até faltando pedaços, com enxertos por todo lado. Eu não me conformava com aquilo, com a guerra desumana e sem sentido, e retornei ao meu país, meio morto e meio vivo, mutilado no corpo, na alma e, acima de tudo, totalmente revoltado com Deus e o mundo.

Voltei atormentado pelo sofrimento do que vi, da insanidade da guerra, da perda dos amigos que foram junto comigo e não voltaram, pelas dores no corpo inteiro, que não passavam nunca, enfim, voltei perdido e traumatizado. Voltei um monstro humano, cheio de cicatrizes e dores, no corpo e na alma, com as pernas totalmente remendadas, que mal podia andar e até, como pode ver, uma ficou mais curta que a outra. E o pior: além de mutilado, desesperadamente revoltado por ter sobrevivido naquelas circunstâncias.

O padre falava, enquanto suspendia as pernas das calças onde, realmente, podia-se ver que fora todo enxertado, como dizia.

– Imagine você, um jovem que não poderia mais pensar em casar, não teria mais como constituir família, pois eu havia ficado impotente. Fiquei, como disse, desesperado e sem chão, não tinha mais ninguém, já que a minha avó havia falecido; estava completamente só. Totalmente desesperançado, perdi a vontade de viver e quis me matar. Viver para que, naquelas condições? Eu me perguntava o tempo todo, por que não havia morrido naquela maldita guerra? Foi aí que me tornei uma criatura sem Deus e sem rumo, um andarilho, e caminhei pelo mundo e pela vida, não sei por quanto tempo, entregando-me cada vez mais ao desânimo total, perdendo, a cada dia que passava, a minha própria referência como pessoa. Eu simplesmente não queria mais viver, mas não tinha a coragem de me matar, pois alguma coisa, dentro de mim, me impedia. A bebida barata era o meu alimento e a minha anestesia.

Até que um dia, embriagado, havia não sei quanto tempo, horas ou dias, não faço ideia, caído numa sarjeta, eu vi a minha avó sentada ao meu lado. Achei que tinha morrido, finalmente, mas me angustiava sentir "tudo igual", e me perguntava: – Eu estou morto ou ainda estou vivo e delirando?! É você mesmo, minha avó, minha avozinha querida? Que bom que veio me buscar...

Era difícil para mim, naquele estado, manter os olhos abertos, mas eu precisava falar com a minha avó e continuei chamando-a, até que, carinhosamente, ela me disse:

– *Levante-se, meu filho amado, não o criei na fé em Jesus para vê-lo na sarjeta. Pense que o seu sofrimento não é nada, se comparado com o Dele. Tenha fé e use o que sobrou do seu corpo para ajudar seu se-*

melhante. Estude muito, pois a sua vida na Terra vai ser longa, muito longa, e ainda tem muito trabalho a fazer pelos seus irmãos em Cristo. Esqueça a guerra e o que lhe aconteceu, não importa mais, já passou, é outro tempo agora. Há muito o que fazer e não há tempo para chorar, pois outros precisam de nós.

– Eu me lembro até hoje de cada uma de suas palavras, Antônio. Você pode não crer no que lhe digo, mas a partir daquela visão que tive de minha avó, que Deus a tenha, eu me sentei na sarjeta daquela calçada, abri os olhos e comecei a olhar ao meu redor, como se tivesse acabado de acordar de um pesadelo sem fim. Sentia-me inteiro, coberto de uma luz brilhante, e fui tomando novamente consciência do meu corpo e de mim. Olhei para a frente e ao meu redor, e me dei conta de que estava, até aquele momento, deitado na porta desta mesma igreja aqui. Então, levantei-me e entrei, sujo e fedendo como estava, dirigi-me ao altar e desabei no chão a chorar, aos pés de Nosso Senhor crucificado, não por pena de mim, mas de vergonha de sentirme uma criatura tão pequena diante de Deus e de

Jesus que, de braços abertos, me olhava com piedade, lá do alto. Que vergonha eu senti, Antônio! Como eu podia ter pena de mim naquela hora, se eu tinha vida, a vida que Deus me deu, um corpo forte e sadio, cheio de cicatrizes, mas sadio, olhos para ver, ouvidos perfeitos, a fala e, principalmente, mãos para servir. Quem era eu, criatura pequena e sem Deus, que se achava um inválido por não poder cumprir mais a minha função masculina, a de procriar e ter filhos? Quem era eu? E daí? A vida não é só isso: copular e procriar. Eu sou uma pessoa e meu corpo é a roupa que veste a minha alma. Este corpo de carne que morre e pode até ser mutilado é só parte de mim, mas não sou eu, e eu estou inteiro, minha alma está inteira. E ali chorei por muito tempo, até que o padre Jonas me viu daquele jeito, me trouxe aqui para dentro, me acolheu, me vestiu e alimentou, e onde estou até hoje, cheio de gratidão a Deus por cada dia de vida, quase toda uma vida, só nesta casa de Deus.

E foi graças ao incentivo do padre Jonas, a quem considero meu segundo pai, e que já era bem idoso na época, estudei, cursei duas faculdades, a de Teologia e a de Filosofia, e ainda mestrado em Psicologia, que são matérias que me ajudam a compreender e ajudar as pessoas. Aqui estou eu, inteiro, um cidadão pronto a ajudar e a servir, enquanto não for chamado para a casa do Pai.

Por uns momentos, ficaram em silêncio, enquanto Antônio enxugava algumas lágrimas discretamente, que teimavam em cair. Também padre Romeu havia-se comovido ao ouvir a própria história, contada a alguém pela primeira vez, depois que o fizera ao padre Jonas, tanto tempo atrás, quando entrou definitivamente naquela casa de Deus. Nunca mais tinha tocado naquele assunto, e jamais tinha tido a oportunidade de contar a sua vida para um estranho e, de repente, sem saber como e por que, precisou contar, sentindo que precisava ainda desabafar com alguém, a sua, já esquecida, dor da juventude.

– Bela história de vida, padre Romeu. Muito interessante mesmo, e a minha não é muito diferente da sua, pois também passei por maus bocados, mas outro dia lhe conto. Infelizmente, não posso ficar mais tempo, pois tenho compromisso agora e preciso ir, senão, chego atrasado. Mas volto outro dia, se Deus quiser, e Ele sempre quer, não é mesmo?

E Antônio saiu pensativo, lembrando-se da história do amigo padre, sentindo, novamente, os olhos marejados, pois era muito sensível à dor alheia.

capítulo 16

O transe da Irmã Magda

A semana passou rapidamente e Irmã Magda voltou a vir todos os dias fazer as orações na companhia do padre Romeu, não sentiu mais nada, estava ótima e feliz, como antes de tudo acontecer e revirar a sua vida de rotina.

Num desses dias, quando chegou para o estudo e as orações, coincidentemente, Antônio se encontrava na sacristia, conversando com padre Romeu.

– Boa tarde, padre Romeu. Boa tarde, seu Antônio.

E os dois lhe responderam, sorridentes.

– Como se sente hoje, Irmã? – perguntou-lhe o padre.

– Não sei lhe dizer, padre Romeu. Sinto-me bem, mas também, estou me sentindo um pouco estranha. Vinha caminhando do orfanato até aqui, com a impressão de que tudo me parecia diferente.

– Como assim, Irmã? – perguntou Antônio.

– Não sei explicar direito. Estava me sentindo como se fosse uma outra pessoa, com algumas lembranças que não vivi.

– Sente-se aqui – pediu-lhe Antônio, arrastando uma cadeira para o centro do cômodo.

E a Irmã atendeu ao pedido.

– Padre Romão, posso transmitir um passe?

– Mas, claro, Antônio. E eu farei uma oração, enquanto isso.

– Irmã Magda, por favor, cerre os olhos e pense em Jesus.

– Pensar em Jesus?

– Sim. Procure imaginar Jesus à sua frente.

E dizendo isso, o homem iniciou a imposição de suas mãos sobre a cabeça da Irmã, rogando ao Alto e aos bons Espíritos, que utilizassem sua mediunidade para transmitir energias revitalizantes e de reequilíbrio sobre aquela irmã tão necessitada.

Nesse momento, certamente, com a permissão do Alto, haja vista se encontrarem ali três pessoas com alto nível de bondade e de probas intenções, a Irmã começou, espontaneamente, a falar e a discorrer sobre sua encarnação anterior. E, muito emocionada, relatou os fatos mais marcantes dessa sua vida pretérita.

Num apanhado geral, a Irmã Magda revelou, entre lágrimas, muito medo de escuro e uma infância sofrida e solitária entre crianças, como ela, e Irmãs não muito pacientes que a colocavam de castigo por qualquer motivo. Fora abandonada, enrolada em trapos, à porta de uma instituição que asilava órfãos abandonados. Regredindo ao útero materno, chegou a se lembrar de um chute que sua mãe levou e que antecipou em alguns dias o seu nascimento. Regredindo suas lembranças, um pouco mais, na verdade, de outra encarnação, lembrou-se também de ter sido uma enfermeira num hospital dirigido por Irmãs, onde sempre levava uma xícara de leite quente com algum sonífero para a freira responsável pelo plantão, com a intenção de fazê-la dormir, enquanto ajudava um médico e outra colega a fazerem abortos clandestinos, lá mesmo, dentro do hospital. Ficava tão preocupada que a Irmã de plantão acordasse, que entrou em desespero, pois não tinha certeza se era ela ou a amiga que tinha preparado o leite. E esse desespero fez com que retornasse desse transe.

– Tudo bem, Irmã? – perguntou-lhe o padre, enquanto Antônio fez sentida prece, agradecendo pelo auxílio.

– O que aconteceu, padre Romeu? Tenho a impressão de ter perdido os sentidos.

E Antônio, rapidamente, para que o padre percebesse a sua intenção de nada revelar à Irmã, sobre o ocorrido, lhe respondeu:

– Não aconteceu nada. A senhora apenas se desligou um pouco durante o passe. Sente-se bem?

– Sim, sinto-me bem melhor agora.

– Então, vamos fazer uma leitura do *O Evangelho Segundo o Espiritismo.*

E, propositalmente, abrindo na página do Capítulo V, item 11, Antônio o lê, dando ênfase ao seguinte trecho: "*É em vão que se objeta o esquecimento como um obstáculo no sentido de que se possa aproveitar a experiência das existências anteriores. Se Deus julgou conveniente lançar um véu sobre o passado, é porque isso devia ser útil. Com efeito, essa lembrança teria graves inconvenientes; poderia, em certos casos, nos humilhar estranhamente, ou exaltar o nosso orgulho, e, por isso mesmo, entravar o nosso livre-arbítrio; em todos os casos, traria uma perturbação inevitável nas relações sociais.*

O Espírito renasce, frequentemente, no mesmo meio em que viveu, e se acha em relação com as mesmas pessoas, a fim de reparar o mal que lhes fez. Se reconhecesse nelas as que odiou, talvez seu ódio se revelasse; em todos os casos, seria humilhado diante daqueles que houvesse ofendido.

Deus nos deu, para nosso adiantamento, justa-

mente o que nos é necessário e pode nos bastar: a voz da consciência e nossas tendências instintivas, e nos tira o que poderia nos prejudicar."

E padre Romeu compreendeu perfeitamente a intenção do amigo, preferindo não revelar à Irmã Magda o que havia ocorrido durante o seu transe.

Em seguida, conversaram e tiraram dúvidas a respeito de tudo. Cada vez mais curiosos, o padre e a Irmã queriam saber sobre as coisas do Espírito e da vida transcendente, ou pelo menos, o ponto de vista dos espíritas.

Passados mais alguns dias, a Irmã chegou para as orações, reclamando que estava sentindo grande mal-estar, dor na nuca, peso nas costas e um pressentimento muito ruim, de alguma coisa que estaria por acontecer e que ela não sabia o que era. Então, oraram fervorosamente para afastar as más impressões e, se fosse possível, que as orações pudessem beneficiar e tocar o coração dos Espíritos desequilibrados e furiosos, que percebiam encontrar-se ali presentes, e que a Espiritualidade Maior pudesse acompanhá-los para o que fosse melhor para eles. Assim mentalizava padre Romeu, enquanto via claramente a cena que se apresentava diante de si, graças à sua clarividência espontânea.

De repente, respirando violenta e profundamente, como um touro enfurecido, Irmã Magda transfigurou-se num ser furiosamente grotesco, que até parecia haver dobrado de tamanho, tal a transformação e a sensação que o padre Romeu sentia e que, imediatamente, procurou entrar em comunhão de pensamento com o Alto, pedindo ajuda espiritual e a presença dos mentores, pois, naquele momento, lhe parecia estar a ocorrer uma comunicação por parte de um obsessor.

– O que você quer da Irmã Magda? – perguntou, com firmeza, o padre Romeu, interpelando o Espírito.

– Eu vou levá-la comigo e ninguém vai me impedir.

– Ela lhe prejudicou tanto assim, para lhe querer tanto mal?

– Você está dizendo que eu quero lhe fazer

mal. Eu só vou levá-la para continuar a fazer o que sempre fez, que é colocar no fogo.

– Colocar no fogo? Colocar o quê ou quem no fogo?

– Aqueles que não são nada, não são ninguém, que querem vir ao mundo só para atrapalhar, impedir que a gente domine e comande. Vamos atear fogo no mundo e a todos os que não nos obedecem, porque a nossa força é maior...

Deu um tempo, resfolegando de forma aflitiva, e continuou:

– Precisamos tirar do caminho o que eles chamam de "gente boa", "sangue bom", vamos acabar logo com isso. Vamos liberar as drogas e a prática do aborto, principalmente. Já há gente demais no mundo, precisamos de forças do lado de cá, do nosso lado. Já temos comandados infiltrados em todos os lugares, em todos os setores da sociedade, e até alguns que se passam por religiosos. Por isso, preciso dela e dos outros para continuar o trabalho que começaram e não acabaram: o de fazerem abortos e colocarem fogo nos restos mortais. Adoro aquele cheiro de carne queimando, deleito-me, quero ver muito sangue saindo das entranhas daquelas mulheres vaidosas, que não querem deformar o corpo libidinoso. Eu gosto mesmo é de assistir ao procedimento, gosto de ver arrancar aqueles fetos ainda quentes, envolvidos naquelas entranhas nojentas, que pulsam até o último momento. Às vezes, até acompanho aquelas safadas, fúteis e mesquinhas, para vê-las rolar de dores e cólicas por horas seguidas e que nenhum remédio ameniza, pois ainda enfiamos as nossas mãos dentro delas e retorcemos suas entranhas para aumentar as dores, pois elas merecem! Eu e meus companheiros ficamos dias inteiros nesses antros, que chamam de clínicas, pois assim podemos nos alimentar da energia que sai dos fetos e dos pensamentos daqueles que encontram, nessa prática, apenas um meio de ganhar muito dinheiro. Precisamos muito mais de mulheres que abortem para nos alimentar, e de muitos Espíritos para aprisionar e fazer deles os nossos soldados.

Nesse momento, o padre Romeu interrompeu a triste dissertação e falou firme:

– Que Deus se apiede de vocês todos, que

formam esse triste grupo obsessor. Mesmo que não acreditem que exista um Deus que tudo vê e que observa o que fazem, verão, com certeza, cedo ou tarde, a justiça Divina recair sobre seus comportamentos e, principalmente, sobre os seus sentimentos. É a Lei de Deus, a lei de causa e efeito. Siga o seu rumo, filho perdido e cego, na escuridão da ignorância. Siga a Luz desse anjo que não o abandonou um segundo, mesmo de longe, orando e chorando por você, pelas suas escolhas e pelos seus companheiros de perdição. No momento, só tenho a orar para que seja atendido por quem de direito, e que o levem para um lugar onde possam tocar direto o seu coração, que, momentaneamente, se encontra petrificado no sentimento, pois, com certeza, uma centelha divina paira tremulante no seu mais profundo eu. Siga essa luz e se afaste dessa criatura que já desistiu de servi-lo, para seguir a Deus.

E, mais uma vez, Irmã Magda se recobrou do transe, passando a sentir-se melhor e ambos fizeram uma leitura do Evangelho e oraram em agradecimento a Deus, a Jesus e aos amigos espirituais que os socorreram a todos.

capítulo 17

O passado do padre Romeu

Na terça-feira, antes das três da tarde, padre Romeu se encontrava na sacristia, quando Antônio chegou e, prontamente, percebeu que o amigo sacerdote o estava aguardando com alguma novidade.

E estava certo, pois, após os cumprimentos, o padre fê-lo sentar-se e, trancando a porta, lhe disse:

– Antônio, você não faz ideia do que me aconteceu esta noite.

– E o que foi, padre?

– Tive um sonho.

– Um sonho?

– Sim, mas não foi um sonho qualquer, desses que a gente costuma ter.

– E qual foi a diferença? – perguntou Antônio, prevendo a resposta do amigo, pois já imaginava que tipo de sonho ele tivera.

– Um sonho diferente, real, como se eu estivesse vivendo-o.

– Então, conte-me.

– Sonhei com minha última encarnação. Eu não imaginava que cenas horríveis como as que vi e participei se encontravam armazenadas em minha memória espiritual. Mas, apesar de me sentir, ao mesmo tempo, sendo rasgado até o mais profundo das minhas entranhas mentais, sei que, de alguma forma, posso resgatar um pouquinho da minha maldade, servindo a Deus e aos meus semelhantes.

O padre Romeu fez pequena pausa como que para recordar bem e continuou:

– Veja você, meu amigo, como os caminhos

se cruzam e geralmente nem nos damos conta da importância de um ato comum. Olha só que coisa: eu fui pai de Magda, numa de suas encarnações. A infância dela, nessa outra vida, também não foi fácil e nem teve princípios morais ensinados pela família. O pai, que era eu, um alcoólatra, a estuprei ainda menina e, quando descoberto em flagrante, fui linchado e tive o órgão sexual decepado. Morri ali mesmo, esvaído em sangue e coberto de ódio de uma dezena de pessoas do vilarejo em que vivíamos. Durante o período em que estive na espiritualidade sob tratamento intensivo, estudos e arrependimento sincero, eu me propus a viver perto dela para ajudá-la, sendo seu amigo e conselheiro, o que demorou um pouco, pois precisei do meu tempo de resgate para esta vida, a expiação dos meus atos, que foi a parte que lhe contei da guerra e outros acontecimentos.

Sonhei também que, depois, ela voltou a reencarnar-se e que, como enfermeira, praticava abortos. Ela fazia o mal, sim, porém, bem no íntimo, já germinava a semente dos bons sentimentos. Aquilo tudo que ela fazia a incomodava cada vez mais, apesar de ainda enredada nos próprios fios da maldade, de atitudes erradas, porém já havia uma abertura para a regeneração.

Daí, que ela nasceu e foi abandonada no orfanato, e o restante você já sabe e está acompanhando. Não é maravilhoso tudo isso? O de termos a oportunidade de nos perdoarmos, nos regenerarmos e seguir em busca de nossa angelitude? Não é incrível?! Nem sei o que dizer, pois não imaginava nada parecido...

– É a vida, meu amigo, simples assim.

capítulo 18

Um final trágico

Mais uma semana de muito trabalho para a Irmã Magda, com muita chuva e frio intenso, fizeram com que ela parasse alguns dias de ir até a igreja orar junto com o padre Romeu. Certa tarde, a Irmã Superiora a chamou, pedindo-lhe que acompanhasse o motorista para ir buscar alguns cobertores doados, mas que isso só poderia acontecer no final da tarde, quase à noite, pois o doador só poderia atendê-los depois das dezoito horas. Irmã Magda ainda ajudou no banho e no jantar das crianças, e até colocou algumas na cama para dormir antes de sair com seu Mauro, na velha caminhonete, que vivia mais no conserto do que circulando na rua, mas enfim, é assim que funciona a maioria das Instituições benemerentes: de doações e da boa vontade dos doadores. Enquanto isso não acontecia, iam arrumando como podiam o velho e deteriorado veículo. E oravam muito, todos os dias, para que uma alma generosa se lembrasse deles e das suas dificuldades e oferecesse algum carro com bastante espaço, pelo menos em bom estado, para as tarefas do orfanato.

Naquele final de tarde, fria e garoenta, saíram no velho carro, a Irmã Magda e o motorista que, a muito custo conseguiu fazer "pegar" o motor que, ainda assim, saiu "tossindo" tanto, que de longe se ouvia o ronco. O endereço indicava que era bem longe daquele bairro, mas doação não se refuga, nem se deixa para o dia seguinte e, antes que o doador desistisse do intento, se apressaram logo em ir buscar.

Depois de enfrentarem o lento e complicado trânsito do final do dia, chegaram finalmente ao destino, recolhendo os cobertores, ainda envoltos em sacos plásticos. Eram tantos, que a velha caminhonete ficou entulhada, causando uma alegria comovida na Irmã, que ainda se lembrou de pedir bênçãos para aqueles doadores.

Mais um pouco de sacrifício em fazer a caminhonete funcionar e retomaram o caminho lentamente, prevendo que chegariam bem tarde da noite no orfanato, já que andavam quase de arrasto, falhando, parando, fazendo um barulho horrível.

Cada vez mais, a Irmã e seu Mauro permaneciam em silêncio, orando para que nada mais acontecesse enquanto não chegassem em casa.

A temperatura caía e a garoa permanecia, fina e fria.

Ao contornarem o viaduto que os faria mudar de rumo, passando sobre ele, a caminhonete parou e "apagou" totalmente, causando desânimo imediato nos dois companheiros de viagem, pois eles sabiam que passariam um bom tempo no conserto do motor, isso se conseguissem fazê-lo funcionar novamente.

Seu Mauro desceu, abaixou-se e abriu a tampa

do motor mais uma vez, para olhar, com ajuda de uma lanterna, o que poderia ser desta vez.

Enquanto isso, a Irmã olhava desalentada para aquele amontoado de pessoas enroladas em restos de cobertores, dormindo sob o viaduto bem ali adiante, naquele frio todo. E ela não titubeou, desceu do carro e, alcançando atrás do seu banco alguns cobertores, rapidamente retirou os plásticos que os envolviam, e foi em direção àquelas pessoas tão sofridas que passavam frio naquele momento, dormindo ao relento. Aproximou-se e, falando baixinho, disse a eles que não se assustassem, que só estava trazendo mais um agasalho e começou a estendê-los sobre aqueles corpos, cobertos até a cabeça. Enquanto fazia esse procedimento, ouviu um barulho estranho, uma algazarra, misturada ao som de uma música estridente, agressiva, barulhenta, marcada por um compasso quase sinistro, se aproximando. Ao chegar ao lado deles, ainda ouviu uma gritaria ensandecida, seguida de uma explosão, e tudo se incendiou e se apagou rapidamente. E ela desmaiou, não sem antes ouvir muito barulho e muitos gritos.

No dia seguinte, aquela tragédia era manchete em todos os jornais e comentários sem fim. Padre Romeu não se conformava com o acontecido, orava o tempo todo e queria respostas para tudo o que acontecera. Como entender uma coisa dessas? Pensava ainda, quase em desespero, quando ouviu seu amigo Antônio entrar pela sacristia, e os dois se abraçaram, chorando em silêncio, envolvidos na mesma dor, no mesmo sentimento. E assim, ficaram durante algum tempo, até que padre Romeu convidou Antônio a fazer as orações com ele.

Antônio, mesmo não seguindo os rituais, concentrou-se, tomou de suas convicções, elevando o pensamento ao Alto, e os dois entraram em harmonia, tendo um só Jesus e um só Deus como conforto para aquela hora.

Depois de algum tempo, muito mais confortados em suas dores, que se tornaram uma só, eles se levantaram e seguiram em direção à sacristia. Ali, Antônio permaneceu sentado e calado, no mesmo lugar, sem saber como começar uma conversa, parecendo-lhe não haver nada a dizer. Então, estranhamente, sentiu a necessidade de contar alguma coisa de sua vida. Queria falar ao amigo sobre um pouco de si mesmo, de sua vida presente e do seu passado. E assim começou:

– Meu amigo, padre Romeu, você não imagina o quanto hoje eu preciso lhe falar de mim, da minha vida e da minha angústia.

– Pois fale, meu filho, aqui estou para ouvir o que sua alma tem para me contar.

– Padre, vou lhe contar desde o começo até chegar ao dia de hoje, para que me entenda melhor e possa me ajudar na minha angústia, dar-me forças, pois, depois de tudo isso, sou eu que me sinto perdido, e não sei o porquê.

E iniciou o relato:

– Eu vim de Goiânia para cá, logo que me formei em enfermagem, e nisso já se vão alguns anos. Nasci em uma favela e, com quase cinco anos de idade, pelo fato de meus pais viverem embriagados, eu saía com uma vizinha que me levava junto até o centro da cidade, onde pedia esmolas e me alimentava. Porém, logo fui recolhido em uma casa de menores e, em seguida, fui colocado para adoção, após ser retirado da guarda de meus pais.

Parou por alguns segundos para respirar e concatenar as lembranças que vinham aos borbotões à sua mente.

– Minha mãe que me criou, dona Adalgisa, senhora boa e carinhosa, recebeu-me muito bem, deu-me roupas finas, comida, muitos brinquedos e eu tinha até uma babá que me cuidava, pois tinha cinco anos somente.

Porém, como esposa de deputado, ela não podia me dar toda a atenção que eu queria durante as vinte e quatro horas do dia, pois vivia ocupada com reuniões de amigas, chás beneficentes, cabeleireiros, fazendo compras, viajando...

E o que aconteceu foi que, passada a novidade que eu me tornara para ela, fui colocado aos cuidados somente da babá, pessoa fria, que apenas cumpria com as obrigações do contrato profissional. Meu pai adotivo nunca se aproximou muito de mim, apenas falava comigo como a um sobrinho ou outro parente. Nunca me colocou no colo e quase nem parava em casa, também cheio de compromissos políticos. Então, eu voltei a me sentir solitário e até rejeitado. Não era maltratado, não, mas não havia amor. E quando eu tinha doze anos, ela adotou um garoto de um ano de idade, o que veio a me desestabilizar mais ainda, pois éramos estranhos e vivíamos num lar frio e sem sentimento. Na verdade, não possuíamos uma família que nos apoiasse e nos fizesse sentir como gente.

Antônio parou novamente de falar, demonstrando o quanto de aflição essas lembranças provocavam ainda em sua mente. Então, levantou-se e, depois de alguns passos, após tomar um gole de água, retornou à narrativa:

– Passados os anos, tínhamos de tudo o que um garoto poderia querer, tanto em brinquedos, roupa e lazer, mas eu fui ficando incomodado com tudo aquilo, ao contrário do meu irmão adotivo, que se sentia um "reizinho".

A minha angústia vinha do tempo em que eu morava na rua e via aquelas famílias passarem nos carros luxuosos. Eu pensava que eles eram felizes e os invejava. Como eu estava enganado, pois não era o dinheiro e o luxo que faziam as pessoas felizes, e eu podia ver isso ao vivo.

Daí, me revoltei com o que a vida me oferecia mais uma vez e resolvi que estudaria e, quando me formasse na faculdade, sairia da vida deles para sempre.

E foi o que eu fiz. Pretendia fazer a Faculdade de Medicina, mas acabei na segunda opção, fazendo Enfermagem. Nesse curso foi que aprendi a ser gente, a olhar o meu semelhante como gostaria e gosto que me olhem, como gente que sente dor, fome, frio, que tem ansiedade e medos. Gosto de oferecer a eles o que tenho de melhor e aliviar-lhes a dor e o medo, sempre que possível; daí é que fui conhecendo mais e mais pessoas e fui me desligando de meus pais adotivos, a quem sou e serei eternamente grato por tudo o que me proporcionaram, e não posso negar que estaria muito pior se não fosse a generosa ajuda deles, mas, infelizmente, eles, como seres humanos que são, também tinham os seus problemas.

Pois bem, na verdade, cheguei até aqui para lhe contar que, pelo que li nos jornais e vi na televisão, foram garotos de famílias de posse, estudantes, ainda, que cometeram aquela atrocidade. Pois é, padre Romeu, olhe que situação: descobri que um desses garotos que foram identificados pelo modelo e pela placa do carro, é meu irmão adotivo, o mesmo que meus pais adotaram alguns anos depois de mim.

O senhor já imaginou a angústia que estou sentindo? E se eu, em vez de ficar enciumado, porque, no fundo, eu me sentia enciumado, pois era mais um para dividir o afeto dos meus pais, tivesse procurado ser amigo e o desviado dessas companhias? E se eu tivesse sido menos egoísta, não pensando só em mim?

– Ora, ora, meu amigo Antônio, como você iria prever uma coisa dessas? Você não pode se culpar das escolhas malfeitas pelo seu irmão. Se ele, em vez de cometer essa insanidade, tivesse feito algo positivo, e até recebesse o Prêmio Nobel, você se sentiria com direitos a partilhar o prêmio com ele? É claro que não! Então, por que do que ele escolheu fazer errado, você carrega um pedaço da culpa? Não é assim. Aos dois foram oferecidas as mesmas oportunidades. Você optou pelo bem, e ele, pelas facilidades do dinheiro e do status.

– Mas sendo espírita, entendo que precisamos estar atentos ao nosso redor, ao nosso próximo mais próximo e procurar ajudá-lo...

capítulo 19

Filhos da irresponsabilidade

E foi assim que aconteceu:

Era noite alta. Envolvidos em um som de batidas compassadas e desagradáveis aos ouvidos, dois grandes carros importados traziam, a bordo, jovens ricos e despreocupados, aos quais a responsabilidade com os seus semelhantes e com a vida de um modo geral, não lhes foi ensinada, nem exemplificada, e muito menos lhes cobrada. Gargalhavam, gritavam e produziam uma algazarra insana, totalmente embriagados no álcool e nas diferentes drogas introduzidas nos corpos sadios e bonitos, bem tratados, habituados a atividades e esportes de elite.

Esses jovens, muito bem trajados no que havia de mais caro para se comprar, com roupas e calçados da melhor qualidade e marcas famosas, eram completamente ignorantes e principalmente paupérrimos das coisas e princípios de Deus. Aos gritos estridentes, demonstrando publicamente a demência nas suas atitudes, diminuíram a velocidade dos veículos, quase parando um atrás do outro, ao se aproximarem da lateral daquele viaduto que abrigava seres humanos deitados e encobertos por restos de cobertores e caixas de papelão, mais parecendo trapos de gente, filhos da miséria, viciados de todo tipo de drogas e totalmente dependentes. Tão infelizes e miseráveis, pois a vida tinha-lhes negado tudo e que agora dormiam ao relento, anestesiados pelo alto consumo de álcool e pela pouca alimentação, nem se deram conta do que acontecia nas proximidades, acostumados a viver e a dormir nas ruas barulhentas, mesmo durante a noite.

Uma pessoa apenas, àquela hora, estava de pé e estendia um cobertor sobre um daqueles que estavam deitados, mas por estar de costas para o tráfego, nem se deu conta do acontecimento, apesar da algazarra dos jovens e do barulho estridente, do que eles chamam de música, vinda do veículo quase parando ao seu lado. Os que dormiam, também nem se mexiam e nem se aperceberam de qualquer movimento diferente dirigido a eles e continuaram dormindo. Foi quando, seguido de um barulho semelhante a um tiro de arma de fogo, uma chuva incandescente derramou-se sobre todos, não lhes dando tempo de se abrigarem ou correr para longe. Imediatamente, suas vestes e coberturas se incendiaram com tanta rapidez que, em poucos minutos, talvez segundos, todos os corpos viraram labaredas, numa cena horrível de desespero.

Eram três garrafas vazias de bom vinho e cheias de líquido altamente inflamável, tampadas apenas com um pedaço de estopa, conseguida no próprio posto de combustível onde compraram o produto de alta combustão.

Construíram, assim, o que chamam de bomba caseira, até considerada uma arma banal, usada em qualquer filme com cenas de violência.

E com esses artefatos improvisados, fizeram uma chacina ali, na verdade, mais uma, diante de pessoas que passavam totalmente alheias ao que acontecia do lado de fora de seus veículos.

Uma acelerada mais intensa nos carros abafou os gritos daquelas criaturas que se transformaram em verdadeiras tochas humanas, assassinadas em poucos minutos pelo grupo de jovens despreocupados e irresponsáveis, saturados de tempo livre e inútil. Jovens, acobertados pela impunidade que o poder e o dinheiro em excesso e mal-empregado proporciona, foram levados à loucura total, à insanidade perdoada pela alta sociedade, que desculpa o comportamento vil desses cidadãos, como "coisas da juventude".

capítulo 20

De volta ao mundo espiritual

De repente, uma claridade intensa atingiu os olhos daqueles seres que chegavam em grupo ao fim de largo túnel, envolto numa penumbra fresca.

As mãos amigas de Martinho, Helio e Isaura os recebiam alegres e felizes, enquanto uma suave música envolvia todo o lugar em volta deles.

Os catadores de papelão e a Irmã Magda finalmente tinham vivido mais uma experiência reencarnatória, desta vez, retomando o caminho através da expiação e fazendo mais alguns acertos.

Brevemente, com certeza, estariam de volta, para mais um passo, rumo à perfeição.

No ano de 1963, Francisco Cândido Xavier ofereceu a um grupo de voluntários, o entusiasmo e a tarefa de fundarem um Anuário Espírita. Nascia, então, o Instituto de Difusão Espírita - IDE, cujo nome e sigla foram também sugeridos por ele.

A partir daí, muitos títulos foram sendo editados e o Instituto de Difusão Espírita, entidade assistencial, sem fins lucrativos, se mantém fiel à sua finalidade de divulgar a Doutrina Espírita através da IDE Editora, tendo como foco principal, as Obras Básicas da Codificação, sempre a preços populares, além dos seus mais de 200 títulos em português e espanhol, muitos psicografados por Chico Xavier

O Instituto de Difusão Espírita, conta, também, com outras frentes de trabalho, voltadas à assistência e promoção social, como o Albergue Noturno, evangelização, alfabetização, orientação para mães e gestantes, oficinas de enxovais para recém-nascidos, entrega de leite em pó, vestuário e cestas básicas, assistência médica, farmacêutica, odontológica, tudo gratuitamente.

Este e outros livros da **IDE Editora**, subsidiam a manutenção do baixíssimo preço das **Obras Básicas, de Allan Kardec**, mais notadamente, **"O Evangelho Segundo o Espiritismo"**, edição econômica.

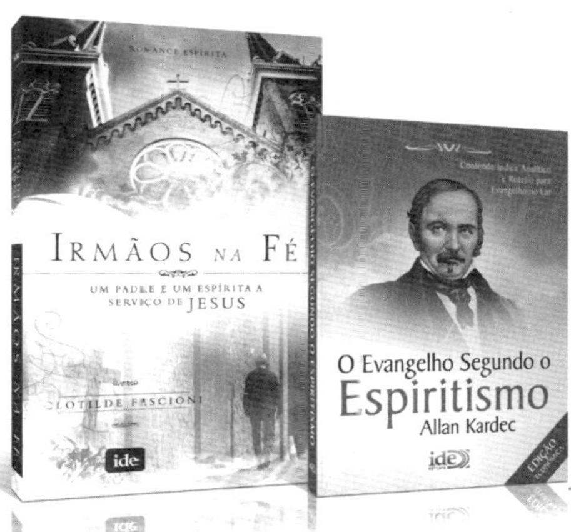

Perfume de Magnólia

Clotilde Fascioni

Perfume de Magnólia conta a história de um amor tão intenso e arrebatador, que teve o poder de atravessar as fronteiras dos séculos, das épocas e das vidas na Terra.

Mesmo em meio a tantos obstáculos, o poder desse amor entre Leon e Ângela, foi suficiente para penetrar no mais íntimo de suas almas, trazendo à tona recordações e emoções de um passado, até então, desconhecido.

Esta obra, caro leitor, nos descreve como esses dois Espíritos se reencontraram e escolheram novamente viver esse profundo sentimento, libertando-se, agora, dos perigos do egoísmo e do exclusivismo, dedicando uma nova trajetória de vida aos menos favorecidos pelo afeto.

E todo esse poder maravilhoso que restaura e resgata a existência dos personagens deste livro, encontra-se acompanhado por uma suave brisa de amor... O delicado aroma da magnólia.

ISBN: 978-85-7341-564-3 | ***Romance***
Páginas: 320 | **Formato:** 14 x 21 cm

Senhoras da Valsa

Clotilde Fascioni

Uma mulher, em estado de depressão, busca encontrar novas perspectivas para sua vida e, em uma atitude simples e despretensiosa, se vê, de repente, envolvida emocionalmente com três senhoras de idades já bastante avançadas.

Esse relacionamento se torna cada vez mais intenso e afetivo à medida que cada uma confidencia sua própria história de amor e de mágoas, fazendo renascer sentimentos adormecidos, agora transformados pelo aprendizado do tempo.

A força e a coragem de quatro mulheres diante dos revezes da vida, de seus sonhos e esperanças, já considerados distantes. Mas o que elas não contavam é que novas emoções ainda estariam reservadas para o coração de cada uma.

Um romance profundo e sensível que nos leva a perceber a ampla teia de amor e resgate em que vivemos, onde nada acontece ao acaso e que a felicidade pode ser uma constante se cultivarmos a confiança na misericórdia e na bondade de Deus.

ISBN: 978-85-7341-476-9 | ***Romance***
Páginas: 224 | **Formato:** 14 x 21 cm

ideeditora.com.br

Acesse e cadastre-se para receber
informações sobre nossos lançamentos.

twitter.com/ideeditora
facebook.com/ide.editora

ide